HUNDE IM EINSATZ

HELDEN AUF VIER PFOTEN

INHALT

Vorwort RONALD L. AIELLO

Text LANCE BACON

Als wir auf die Lichtung mit dem zweiten Dorf kamen, das wir an diesem Tag durchsuchten, legte sich Stormy auf den Boden und blickte nach rechts oben. Instinktiv tat ich das Gleiche. Die beiden Geschosse des Heckenschützen zischten an meinem Ohr vorbei. Die Marines hinter uns erwiderten das Feuer, dann wurde es still. Es sollte nicht das letzte Mal sein, dass mein Freund in den Feldern und Dschungeln Vietnams mir und vielen anderen das Leben rettete. Der Hund ist des Menschen bester Freund – wer je mit einem Militärdiensthund im Kampfeinsatz war, weiß, dass dieser Spruch viel zu kurz greift. Der Diensthund ist Teil seines Führers und sein Schutzengel zugleich. Die folgenden Seiten sind die verdiente und von vielen vermisste Würdigung einer weithin unbekannten Seite des Krieges und tapferer Helden.

In der modernen Kriegsführung haben die Hunde und ihre Führer einen neuen Leistungsstandard gesetzt. Von Bewachungsaufgaben über die Aufklärung bis zum Aufspüren von Bomben – die Militärhundeteams sind für absolute Höchstleistungen ausgebildet worden. Training und Einsätze mit einem Militärdiensthund schaffen eine unglaubliche Bindung zwischen Mensch und Tier, denn was ein Hund mit seinem Instinkt und seinen Sinnen leisten kann, ist verblüffend. So erklärte General David H. Petraeus als Oberkommandierender im Irak 2008: »Die Fähigkeiten, die Militärdiensthunde im Kampf unter Beweis stellen, zeigen deutlich, dass sie nicht durch Menschen oder Maschinen ersetzt werden können. Alle Leistungsmessungen haben ergeben, dass sie sämtlichen anderen verfügbaren Mitteln überlegen sind.«

Militärdiensthunde und ihre Führer verstehen ihren Dienst auf eine besondere Weise und sind einander besonders verbunden, und die Behauptung, dass Militärdiensthundeteams eine eigene Spezies sind, ist nicht zu hoch gegriffen. Sie lernen neue Arten der Verständigung, bei denen Taten tatsächlich mehr bedeuten als Worte. Sie lernen, in absoluter Übereinstimmung zu handeln, um den Schutz anderer zu gewährleisten, und entwickeln eine außergewöhnliche Beziehung, in der der eine Herz und Seele des anderen kennt.

Wenn sie zu einem Kampfeinsatz antreten, wissen sie, dass sie nicht bloß daran teilnehmen, sondern zum Schutz aller anderen Teilnehmer da sind. Diese Militärdiensthundeteams geben bereitwillig alles – für uns und für viele, die sie niemals kennenlernen.

Aus Achtung für den heldenhaften und aufopfernden Einsatz unserer Hunde und ihrer Führer gründeten im Jahr 2000 fünf ehemalige Hundeführer, die in Vietnam gedient hatten, die U.S. War Dogs Association. Sie hat sich zur Aufgabe gestellt, die Geschichte der Militärhunde bekannt zu machen, die Öffentlichkeit über die unschätzbaren Dienste, die sie dem Land erweisen, aufzuklären und ihrer in würdiger Weise zu gedenken. In den letzten Jahren haben wir die Operation Military Care K-9 ins Leben gerufen, um sicherzustellen, dass den im Nahen und Mittleren Osten eingesetzten Teams die nötige Unterstützung zukommt. Wir sammeln Spenden, um ihnen mit Carepaketen und ermutigenden Briefen unsere Verbundenheit auszudrücken.

Sorgfältig abgerichtete Militärhunde werden während ihrer Dienstzeit zahllose Menschenleben retten. Aufgrund der militärischen Geheimhaltung werden wir jedoch nie von allen ihren Heldentaten und Opfern erfahren.

Ronald L. Aiello

11 Vietnamveteran Ron Aiello mit seinem Diensthund Stormy. Aiello ist jetzt Präsident der United States War Dog Association.

12–13 Im Irak und in Afghanistan waren nicht weniger als 1200 Hundeteams zugleich im Einsatz. Unkonventionelle Spreng- oder Brandvorrichtungen sind für mehr als die Hälfte der Gefallenen der verbündeten Streitkräfte verantwortlich. Wenn jedoch Militärdiensthunde zum Einsatz kommen, werden 80 Prozent dieser tödlichen Waffen vorher aufgespürt.

14–15 Militärdiensthunde erleben die Gefechtssituation an der Seite des Hundeführers. Wie bei Soldaten kommt es auch bei Hunden häufig zu posttraumatischen Belastungsstörungen, die sich bei jedem Hund anders äußern – genau wie beim Menschen.

MILITÄRHUNDE

Am Rande der zahllosen Berichte über grausame Schlachten, von denen es in der Geschichte der Menschheit nur allzu viele gibt, stößt man auf eine nur selten erzählte Geschichte. Es geht darin um Mut und Kameradschaft. Es ist nicht die Geschichte gewöhnlicher Männer, die im Angesicht des Todes ungewöhnlichen Mut zeigen. Es ist die Geschichte vierbeiniger Helfer und Kämpfer, die inmitten der Schrecken des Krieges unerschrocken ihre Pflicht tun. Wann immer Männer in die Schlacht zogen, fast immer standen ihnen Hunde zur Seite. Diese Tiere waren, Angehörige einer Elite, sorgfältig ausgewählt nach bestimmten Fähigkeiten, unter denen Treue, Ausdauer und Angriffsbereitschaft an erster Stelle standen.

Schon vor weit über 3000 Jahren im alten Ägypten führte Pharao Ramses II. in seinem Reich die erste Kriegshundestaffel ein, als er vor seinen Truppen blutrünstige Kampfhunde mit stachelbesetzten Halsbändern auf die Feinde losließ, um diese zu verwirren und seine Siegchancen zu verbessern. Auch die anderen bedeutenden antiken Großmächte wie Assyrien, Babylon, Persen, Griechenland und Rom führten den Einsatz von Kampfhunden im Krieg zu neuen Höhen – und Tiefen.

Vor allem die Römer bewiesen auf diesem Gebiet großes Geschick. Durch Zucht und Dressur machten sie aus dem von Natur aus gutmütigen

16–17 Erster Weltkrieg, 5. Mai 1917. Ein Soldat verbindet einem Sanitätshund die Pfote. Die Sanitätshunde waren dafür bekannt, dass sie auf den Schlachtfeldern und in Schützengräben Verwundete und insbesondere Verschüttete aufspürten, die man sonst nicht gefunden hätte.

Mastiff eine furchtlose und bösartige Kampfmaschine. Dem schrecklichen Ruf dieses massigen Vierbeiners entsprach sein furchteinflößender Anblick, wenn er in seinem stachelbesetzten Panzer auf die Feinde zustürmte.

Ägypter und Römer fanden in berühmten Eroberern wie Alexander dem Großen, dem Hunnenkönig Attila oder dem spanischen Konquistador Hernan Cortés gelehrige Schüler. Sogar der friedliebende amerikanische Staatsmann Benjamin Franklin machte den Vorschlag, die Miliz Pennsylvanias sollte bei der Abwehr von Indianerangriffen Kampfhunde einsetzen.

Die Rolle von Hunden im Krieg war jedoch keineswegs auf den physischen Angriff beschränkt. So ließ Napoleon Hunde nicht wegen ihrer Aggressivität rekrutieren. Vielmehr erwartete er von ihnen, dass sie eine Truppe vor drohenden Angriffen warnten. Im amerikanischen Bürgerkrieg wurde es üblich, die Vierbeiner als Melder einzusetzen. Theodore Roosevelt verwendete sie im Spanisch-Amerikanischen Krieg als Fährtensucher und Aufklärer, wenn seine berühmten Rough Riders durch den kubanischen Dschungel patrouillierten.

Was jedoch aus gutem Grund weltweites Aufsehen erregte und die Fantasie der Menschen beflügelte, waren die selbstlosen Dienste der Militärhunde im Ersten Weltkrieg. 1914–1918 kamen mehr als 75 000 Militärhunde zum Einsatz. Die Deutschen setzten schon zu Kriegsbeginn 6000 Hunde an der Front ein, 4000 standen als Reserve bereit. Italien schickte 3000 Hunde ins Feld. Marschall Joseph Joffre beendete nach der Marneschlacht 1914 unverständlicherweise das Hundeprogramm der französischen Armee, obwohl diese mittlerweile 15 000 Diensthunde im Einsatz hatte.

Die britischen Streitkräfte dagegen verfügten zu Kriegsbeginn nur über einen einzigen Militärhund – und einen einzigen visionären Hundetrainer. Lt. Col. E. H. Richardson hatte im Russisch-Japanischen Krieg 1904 für die russische Armee Sanitätshunde ausgebildet und geliefert. Er überzeugte

die britische Militärführung von der Notwendigkeit eines Hundeprogramms. Richardson wurde zum Colonel befördert und erhielt den Auftrag, die British War Dog School einzurichten. Sie lieferte später tausende von Hunden für den Einsatz im Krieg.

Auf welcher Seite sie auch eingesetzt wurden, es zeigte sich rasch, dass die Gefahr, gefangen oder getötet zu werden, für Hunde weit geringer war als für Soldaten. Sie dienten zur Übermittlung von

Nachrichten und zum Transport von Verpflegung und Munition. In höchstem Ansehen standen jedoch die Sanitätshunde.

Diese Tiere trotzten dem stickigen Gestank von Phosgen und Senfgas und machten Verwundete aus, die auf dem Schlachtfeld oder in den von Granaten zerpflügten Schützengräben verschüttet, durch Staubwolken und Rauchschwaden verdeckt oder aus anderen Gründen nicht mehr auffindbar

Wie bei den Soldaten, denen sie als Helfer zur Seite stehen, hat der Dienst auch bei Militärhunden nicht nur glanzvolle Seiten. Die Aufnahme dieser österreichischen Versorgungseinheit aus dem Ersten Weltkrieg zeigt, dass Hunde auch als Zugtiere zum Transport von Nachschub eingesetzt wurden.

20–21 Erster Weltkrieg. Ein Trupp deutscher Sanitäter mit Sanitätshunden auf dem Weg zum Einsatzort. Tausende dieser Hunde transportierten Verbandsmaterial und Flaschen mit Wasser. Wenn sie die Verwundeten ausfindig gemacht hatten, führten sie die Sanitäter zu ihnen.

waren. Mit dem an seinem Geschirr befestigten Verbandsmaterial und dem mitgebrachten Wasser verschaffte der Hund den verletzten Soldaten Erleichterung, wobei die größte Erleichterung die Gewissheit war, dass das davonstürmende Tier bald mit einem Rettungstrupp zurückkommen würde.

Besonderes Glück hatte ein verwundeter Soldat, wenn er von dem französischen Sanitätshund Prusco gefunden wurde. Dieser war dafür bekannt, dass er die Verwundeten in schützende Granattrichter oder Gräben zog. Er soll einem weißen Wolf geähnelt und an einem einzigen Tag mehr als hundert Verwundete gefunden haben.

Der berühmteste Hund, den der Erste Weltkrieg hervorbrachte, hatte nur kurze Zeit an der Front verbracht, allerdings in einer ganz anderen Funktion: Rin Tin Tin, der in 23 Hollywoodfilmen spielen sollte, wurde am 15. September 1918 von dem amerikanischen Soldaten Lee Duncan in Lothringen aus den Ruinen eines zerschossenen Hauses gerettet. An diesem Tag war er ein fünf Tage alter Welpe.

Der spätere Leinwandstar mit seiner glänzenden Zukunft erwies sich als Ausnahme von der Regel. Verschiedenen Schätzungen zufolge wurden im Ersten Weltkrieg 7000- bis 16 000 Militärhunde getötet. Zehntausende weitere wurden im Rahmen der Demobilisierung der Armeen eingeschläfert. Lediglich Deutschland behielt nach dem Krieg sein Hundeprogramm bei. In den 1930er-Jahren wurden in einer entsprechenden Einrichtung in Frankfurt fast 200 000 Militärhunde ausgebildet. Zur Zeit des Kriegseintritts der Vereinigten Staaten hatten

22–23 Wie diese deutschen Soldaten benutzten im Ersten Weltkrieg auch die Kombattanten auf der anderen Seite der Front Gasmasken, um ihre Hunde gegen Phosgen und Senfgas zu schützen.

die Deutschen 50 000 Hunde im Einsatz. Darüber hinaus lieferten sie 25 000 Militärhunde an die Japaner, bevor diese Pearl Harbor angriffen.

Die amerikanischen Streitkräfte, die im Ersten Weltkrieg keine sinnvollen Militärhundeprogramme durchgeführt hatten, verfügten zur Zeit des japanischen Angriffs gerade über fünfzig Schlittenhunde. Es handelte sich um die Veteranen und Nachkommen der Hundestaffel, die Rear Admiral Richard Byrd 1933–1935 auf seiner zweiten Antarktis-Expedition mitgeführt hatte. Der sofortige Bedarf an Kriegshunden war den Einsatzplanern aber nicht entgangen. Am 16. Juli 1942 erteilte Verteidigungsminister Harold Stimson den Befehl, Such- und Rettungsschlittenhunde sowie Patrouillen- und Meldehunde auszubilden. Anfangs schätzte man den Bedarf auf 125 000 Tiere, in Wirklichkeit lag er jedoch weit darunter.

Eine gemeinnützige Gesellschaft namens »Dogs for Defense« brachte rasche Abhilfe. Sie sorgte dafür, dass in einem Zeitraum von nur zwei Jahren 40 000 Hunde rekrutiert wurden. 18 000 Tiere von 32 verschiedenen Rassen wurden zur Grundausbildung zugelassen. Dieser Kader wurde auf 10 425 Hunde reduziert, die in fünf Aufnahme- und Ausbildungszentren für Militärhunde ein weiterführendes Training erhielten.

Gleichzeitig wurde die Zahl der zugelassenen Rassen auf sieben verringert. Deutsche Schäferhunde und Dobermann-Pinscher waren für Bewachungs-, Angriffs- und Aufklärungsaufgaben bestimmt. Als Schlittenhunde zog man Sibirische Huskys, Malamuts und Eskimohunde heran. Ihre Aufgabe bestand darin, die Besatzungen abgestürzter oder abgeschossener Flugzeuge in unzugänglichen verschneiten Gebieten aufzuspüren.

24 Ein deutscher Soldat gibt seinem Meldehund Anweisungen (1916). Auch die französischen und britischen Truppen setzten diese Boten ein, da sie weit seltener verwundet oder gefangen wurden.

25 Deutsche Soldaten mit ihrem Hund auf Wachposten an der Westfront (1918). Nach dem Ersten Weltkrieg behielt nur Deutschland sein Hundeprogramm bei. Im Zweiten Weltkrieg hatten die Deutschen zur Zeit des Kriegseintritts der Vereinigten Staaten 50 000 Hunde im Einsatz.

Collies und Belgische Schäferhunde waren als Melder vorgesehen.

Auch die US-Küstenwache hatte über 1800 Hunde im Einsatz. Man führte mit ihnen Patrouillen an den amerikanischen Stränden durch. Während Dogs for Defense den Bedarf der US-Army abdeckte, wandte sich das Marine Corps an den Doberman Pinscher Club of America und private Unterstützer. Die Marineinfanterie verfügte schließlich über mehr als tausend Hunde, wobei das Verhältnis Dobermann/Deutscher Schäferhund drei

26–27 Army School of Dog Training (1941).
Ein britischer Soldat steckt einem der abzurichtenden
Hunde eine Nachricht ins Halsband. Insgesamt
wurden 700 Hunde für den Kampfeinsatz
ausgebildet.

zu eins betrug. Sieben Hundeführerzüge wurden aufgestellt und mit ihren Tieren in Camp Lejeune in North Carolina ausgebildet. Allen sieben standen schwierige Einsätze im Kampf gegen sich verbissen wehrende japanische Widerstandsnester im Pazifik bevor.

Der First Marine War Dog Platoon geriet beim ersten Angriff auf Bougainville unter heftigen Mörserbeschuss und ins Feuer schwerer Maschinengewehre. Er kam später auch auf Guam und Okinawa zum Einsatz.

Der zweite und der dritte Hundezug wurden auf sechs verschiedenen Kriegsschauplätzen eingesetzt. Der berühmteste davon war Guam, wo Hundeführer mit ihren Tieren mehr als 450 Patrouillen durchführten, in 170 Fällen vor feindlichen Aktionen warnten und 269 feindliche Soldaten töteten.

Der siebte Hundezug war schon am blutigen ersten Tag dabei, als US-Truppen mit Amphibienfahrzeugen an dem von vulkanischem Sand bedeckten schwarzen Strand Iwo Jimas landeten. Später ging auch der sechste Zug an Land, um versteckte Tunnels und die »Pillbox« genannten Kleinbunker ausfindig zu machen. Der vierte, fünfte und sechste Zug kämpften auf Okinawa. Hunde und Hundeführer des fünften Zugs, die auch schon auf Peleliu am zweiten Invasionstag an Land gegangen waren, kamen fünf Tage vor der Invasion Okinawas Aufklärern der Marineinfanterie bei einer gefährlichen Erkundungsmission zu Hilfe. Dem vierten und dem sechsten Zug wurde später für ihren Einsatz auf dieser Insel die Presidential unit citation zuteil, die ehrenvolle Erwähnung ihrer Einheit durch den US-Präsidenten.

28–29 Zwei Schäferhunde bei Übungen mit finnischen Soldaten (März 1940). Die Buchstaben »SA« auf ihren weißen Tarnanzügen stehen für Suomen Armeija (Finnische Armee).

Im Verlauf dieses Feldzugs, der als »Inselspringen« in die Militärgeschichte eingegangen ist, sahen sich die Hundeführer erstmals mit Bedrohungen konfrontiert, die nicht minder gefährlich und tödlich waren als die Kampfhandlungen selbst: In den folgenden Jahrzehnten sind mehr Militärhunde durch hitzebedingte und Tropenkrankheiten umgekommen als in Gefechten.

Im Zweiten Weltkrieg wurden von allen Seiten Anstrengungen zum Aufspüren von Minen unternommen. Die meisten Einheiten konnten keine 90-prozentige Erfolgsquote erreichen, das Idealziel beim Auffinden von Sprengkörpern. Berichten zufolge hatten die Russen einen Hund, der, als es galt, Eisenbahnstrecken und wichtige Flugplätze freizumachen, im Zeitraum von 18 Tagen 2000 Minen aufspürte. Die Russen setzten allerdings auch Hunde ein, denen sie Bomben umbanden und die darauf trainiert waren, unter Panzern nach Nahrung zu suchen. Allerdings verwendeten die deutschen Panzer einen anderen Treibstoff als die russischen, und die Hunde liefen unter die Panzer, auf die sie trainiert waren – auf diese Weise sprengten sie die eigenen in die Luft.

Die amerikanischen Militärhunde wurden nach Kriegsende »umgeschult«. Sie sollten an ihre ursprünglichen Besitzer zurück- oder an neue weitergegeben werden. Von den 559 überlebenden Hunden der Marineinfanterie mussten lediglich 19 eingeschläfert werden – 15 aus gesundheitlichen Gründen und vier aufgrund ihres Verhaltens. Von den 3000 vom Heer ausgemusterten Hunden mussten nur vier zurückgegeben werden.

30–31 Im Zweiten Weltkrieg kamen im Pazifikfeldzug durch hitzebedingte Krankheiten mehr Militärhunde um als durch Feindeinwirkung. Diese Entwicklung hat sich erst wieder in Vietnam wiederholt, wo hunderte Militärhunde an Krankheiten und Hitzschlag starben. In den Kriegen der Gegenwart sind amtlichen Quellen zufolge »nur eine Handvoll Hunde« aus diesen Gründen umgekommen.

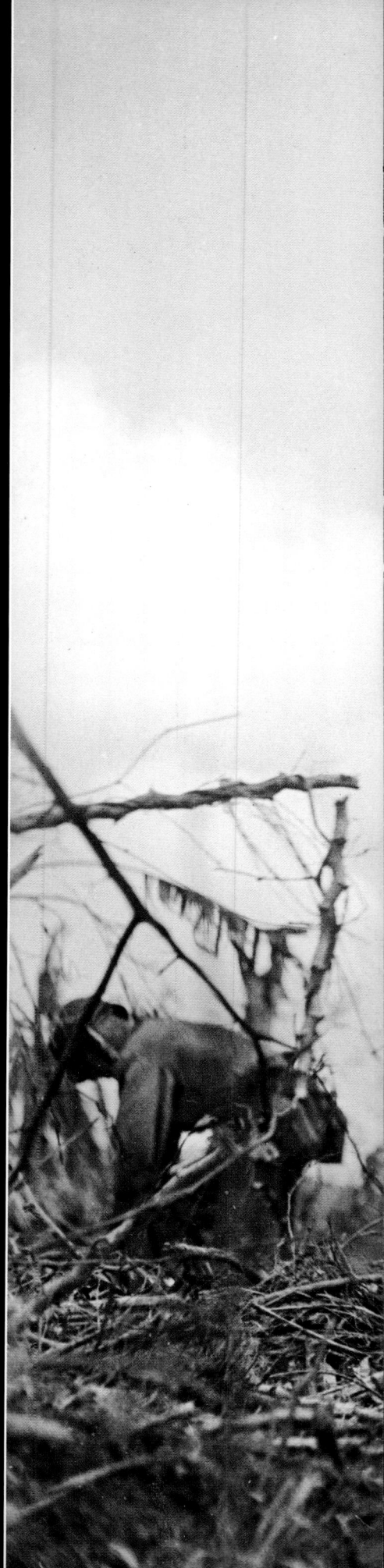

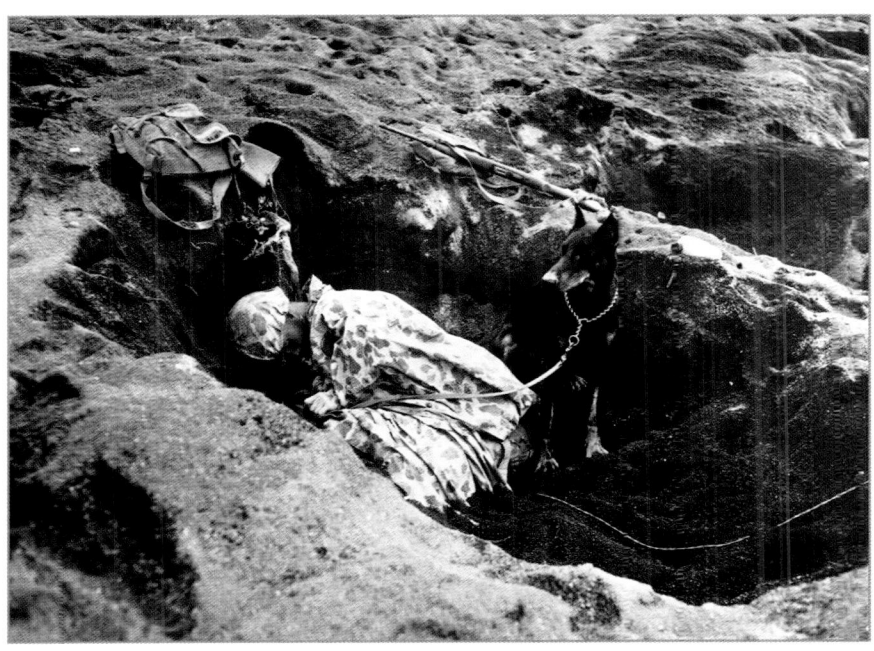

32–33 Guam, 1944. Ein US-Marineinfanterist
unterhält sich mit seinem Spürhund. Die Hunde
hatten die Aufgabe, in Höhlen und
Dschungelgebieten versteckte japanische Soldaten
aufzuspüren oder Nachrichten zu überbringen.

33 U.S. Marine Pfc. Rez P. Hester vom 7th War Dog
Platoon, 25th Regiment, hält ein Schläfchen,
während sein Hund Butch Wache hält. Das Foto
entstand im Februar 1945 auf Iwo Jima. Das
berühmte Flaggenhissen auf dem Suribachi fand
noch im selben Monat ganz in der Nähe statt.

Diese Ausmusterung nach Kriegsende war die letzte ihrer Art. Militärhunde leisten jetzt so lange ihren Dienst, bis sie aufgrund ihres Alters oder ihrer Verletzungen dazu nicht mehr in der Lage sind.

Ungeachtet ihrer unbestreitbaren Verdienste in Europa und insbesondere im Pazifikraum wurden die stolzen Hundestaffeln des Militärs nach dem Krieg in verheerender Weise zusammengestrichen. Zu Beginn des Koreakriegs existierte nur ein einziger aktiver Aufklärungshundezug – der 26th Infantry Platoon (Scout Dog) in Fort Riley in Kansas. Er bestand aus dem befehlshabenden Offizier, einem Feldwebel, einem Tierarzt, 18 Hundeführern und 27 Hunden.

Doch die Bewährungsprobe im scharfen Einsatz wartete bereits auf sie. Der 26th Infantry Platoon (Scout Dog) wurde im Mai 1951 nach Korea abkommandiert, wo er einen Monat danach eintraf. Die Kommandeure waren bereits verzweifelt auf der Suche nach geeigneten Hunden, um die Reihen aufzufüllen.

Der Zug wurde der Second Infantry Division zugeteilt, erhielt jedoch nie die Ausrüstung, die für die Pflege der Hunde – von ihrem Einsatz ganz zu schweigen – nötig gewesen wäre. Das hielt jedoch Hunde und Hundeführer nicht davon ab, weit mehr zu tun, als nur ihre Pflicht zu erfüllen. Der Zug beschloss seinen Dienst in Korea am 15. Januar 1953 mit drei Silver Stars, drei Bronze Stars für Tapferkeit und 35 Bronze Stars für verdienstvolles Verhalten.

34–35 Nach der Landung der Marine Raiders auf Bougainville (Nördliche Salomoninseln) im November 1943 war der 1st Marine War Dog Platoon die erste Militärhundeeinheit der Marineinfanterie, die unter feindlichen Beschuss geriet.

36 U.S. Army Sgt. William C. Dutton, unterstützt von
Technician Fifth Grade Marvin Monshousen, verbindet
Thunders die verletzte Pfote (6. September 1946). Der Hund
gehörte zu dem in Norditalien stationierten 38th Quartermaster
War Dog Platoon, 85th Division.

37 Ein Hundeführer der Marineinfanterie streichelt seinen
Schäferhund. Der von einem japanischen Heckenschützen auf
Bougainville angeschossene Hund wird geröntgt. Er erliegt später
seinen Verletzungen.

Wie das Pentagon in seinen Allgemeinen Anordnungen Nr. 21 ausführt, hat der »ungebrochene Rekord in treuer und tapferer Pflichterfüllung einzelner Hundeführer und ihrer Hunde bei der Unterstützung von Patrouillen zahllose Verluste verhindert, indem sie die Patrouillen frühzeitig vor Bedrohungen ihrer Sicherheit warnten«. In den Allgemeinen Anordnungen Nr. 114 der Eighth United States Army heißt es: »Der 26th Infantry Scout Dog Platoon hat in der langen Zeit seines schwierigen und gefahrvollen Dienstes diejenigen, bei denen er seinen Dienst versah, nicht ein einziges Mal enttäuscht; er hat regelmäßig außergewöhnliches Pflichtbewusstsein bei der Erfüllung sämtlicher weiteren Aufgaben bewiesen und auf dem Schlachtfeld einen Grad an Respekt und Bewunderung errungen, der ihn zu einer für die Eighth United States Army außerordentlich wichtigen Einheit gemacht hat.«

Insgesamt wurden in Korea von der US Army etwa 1500 Hunde eingesetzt. Offenes Gelände zwang die Spähtrupps, nachts zu patrouillieren. Wie Statistiken des Pentagons zeigen, sanken bei Patrouillen, die Spürhunde mitführten, die Verluste um 60 Prozent. Hunde dienten auch zur Bewachung von Flugplätzen sowie Treibstoff- und Munitionslagern.

Ungeachtet der Verdienste und der Tapferkeit, durch die sich die Hundestaffeln in den vergangenen 15 Jahren ausgezeichnet hatten, fand man beim Heer und der Marineinfanterie, dass an Militärhunden kaum noch Bedarf bestehe.

Die Air Force sah die Dinge anders. Dort benötigte man dringend Wachhunde, um Nuklearanlagen und Depots zu bewachen. Auf diese Weise übernahm die Luftwaffe 1952 die Führung bei der Ausbildung von Diensthunden – eine Rolle, die sie noch heute innehat.

Die Luftwaffe richtete ihre erste Wachhundschule 1952 in der Showa Air Station in Japan ein. Eine zweite Schule wurde im Jahr darauf in Deutschland in Wiesbaden eröffnet. 1957 waren allerdings nur noch weniger als tausend Hunde im Dienst. Die meisten von ihnen waren für Bewachungszwecke ausgebildet worden. Die Hälfte davon war in Europa stationiert, annähernd ein Viertel in Fernost.

Das sollte sich jedoch bald ändern, als die Vereinigten Staaten in Südostasien eingreifen mussten.

Als der First Marine Provisional Dog Platoon am 1. März 1966 am Kriegsschauplatz eintraf, war er der erste seiner Art. Zum ersten Mal seit mehr als zwei Jahrzehnten wurden Aufklärungshunde der Marineinfanterie für den Kampf bereitgestellt. Das Heer entsandte seine ersten beiden Aufklärungshundezüge drei Monate später.

Die 10 000 Hundeführer und über 4000 Hunde, die bald darauf folgen sollten, fanden in Vietnam Bedingungen vor, die sich von denen in Korea wesentlich unterschieden. Die in Korea üblichen Nachtpatrouillen ließen sich in den mit Sprengfallen gespickten Dschungelgebieten nicht durchführen, sodass die Hunde tagsüber bei stickiger Hitze operieren mussten. Als ein dreijähriger Deutscher Schäferhund namens Mac einem Hitzschlag zum Opfer fiel, war er der erste amerikanische Hund, der in Vietnam ums Leben kam. Wie nicht anders zu erwarten, war er nicht der letzte. 109 Hunde starben allein im Jahr 1969 an Hitzschlag.

38–39 Zu Beginn des Zweiten Weltkriegs hatten die amerikanischen Streitkräfte kein sinnvolles Hundeprogramm. Am Ende des Krieges erhielten über 10 000 Hunde in fünf Aufnahme- und Abrichtungszentren eine vertiefte Ausbildung. Für den Wachdienst und für Kampf- und Aufklärungseinsätze wählte man zumeist Deutsche Schäferhunde und Dobermann-Pinscher.

40–41 Vietnam, 1969. Mit Beißkorb versehene Wachhunde und ihre Führer kehren nach dem Einsatz in ihre Unterkünfte zurück. Ihr Auftrag lautete, Patrouillengänge um das Nachschub- und Kommunikationszentrum Marble Mountain bei Danang durchzuführen.

Hitzebedingte Krankheiten und Parasiten wie der Hakenwurm oder die tropische Hunde-Panzytopenie erwiesen sich als der schlimmste Feind. Weniger als drei Prozent der Verluste erlitten die Hunde in Vietnam im Gefecht, etwa zwanzig Prozent gingen auf das Konto von Unfällen. In Vietnam hatten die Hunde auch mit Unterernährung zu kämpfen. Denn das Futter war oft so lange unterwegs, dass es bei der Ausgabe verdorben und nicht mehr zu verfüttern war.

Ungeachtet dieser Hindernisse stiegen die erfolgreichen Einsätze von Hunden in Vietnam erheblich an. Wachhunde sicherten weiterhin stationäre Einrichtungen, Aufklärungshunde, in den meisten Fällen Deutsche Schäferhunde, signalisierten den Soldaten, wenn ihnen unmittelbare Gefahr drohte. Fast die Hälfte dieser Hunde war dem um Saigon stationierten III. Corps zugeteilt.

Der Krieg brachte auch die Fährtenhunde wieder ins Spiel, vor allem Labrador Retriever. Man setzte sie ein, um Bewegungen des Feindes festzustellen oder feindliche Stellungen zu lokalisieren. 30 von den Briten gelieferte Hunde bildeten mit ihren Führern die ersten 14 Spürhundeteams. Mit der Operation Coronado im August 1966 wurden Militärhunde offiziell bei Verhören zur Einschüchterung von Gefangenen eingesetzt. Freilauf-Patrouillen, bei denen der von der Leine gelassene Hund die Möglichkeit hatte, weit vor den Soldaten in potenzielle Hinterhalte einzudringen, wurden im April 1967 zur üblichen Praxis.

In Vietnam wurden zunehmend auch Spürhunde zum Aufspüren von Minen, Tunneln, Waffen,

42–43 U.S. Army-Spezialist Christian Dietz durchquert mit seinem Spürhund Wolf ein überflutetes Reisfeld (28. Juli 1968). Sie waren auf der Suche nach feindlichen Truppen, die vermutlich in Saigon einsickern wollten.

Munition, Sprengfallen und Drogen eingesetzt. Wie heute im Krieg gegen den Terror in Afghanistan waren Minen und Sprengsätze in Vietnam die größte Bedrohung der Soldaten. Minenspürhunde wurden rasch zu unverzichtbaren Helfern. Die Fähigkeiten der Minenspürhunde waren von so entscheidender Bedeutung, dass ein Planungsteam des Heeres im Januar 1970 empfahl, ihre Zahl um 150 Prozent zu erhöhen, »um den steigenden Bedarf an Unterstützung durch Minenspürhunde zu decken«. In dem Bericht wird auch darauf gedrängt, Hundeführerzüge als eigenständige Einheiten einzusetzen. Damit folgte man einer dreimonatigen Evaluierung des 60th Infantry Platoon (Mine/Tunnel Detector Dog).

1972 hatten Aufklärungs- und Minen-Tunnel-Hundeteams über 84 000 Einsätze durchgeführt und dabei mehr als 2000 Tunnel und Bunker entdeckt. Sie hatten mehr als 4000 feindliche Soldaten getötet und über 1000 gefangen genommen. Sie hatten abertausende Waffen wie Gewehre, Minen und Mörser entdeckt und dem Feind über 200 Kilo Dokumente, 500 000 Kilo Reis, drei Tonnen Mais und zwei Tonnen Salz abgenommen. All diese Erfolge hatten freilich ihren Preis. 294 Hundeführer und 309 Tiere fanden in Ausübung ihres Dienstes den Tod.

An die Statistiken der US Marines heranzukommen ist schwierig. Eine Zeitschrift schreibt jedoch, dass ihre Hundeteams von Januar 1968 bis Oktober 1969 fast 1200 Hinterhalte entdeckten und über 500 feindliche Soldaten gefangen nahmen. Außerdem machten die Hunde 86 feindliche Lager, 34 Feldlazarette und 13 Richtfunkstationen ausfindig. Sie spürten 23 Tonnen Reis auf, mehr als 1300 Waffen und 351 Dokumentensätze.

Leider wusste das Pentagon über seine eigene Geschichte nicht Bescheid und verbot – anders als nach dem Zweiten Weltkrieg – die Rückführung der

Militärhunde. Die Tiere wurden unverständlicherweise als Bedrohung der Bevölkerung angesehen, und so wurde befohlen, sie mit anderer »Ausrüstung« wie Panzern, Helikoptern und LKWs in Vietnam zurückzulassen. Die meisten der Hunde verhungerten oder wurden geschlachtet und verzehrt.

Der Einsatz von Militärhunden wurde in den folgenden 20 Jahren auf die Bewachung von Stützpunkten beschränkt. Die Briten allerdings begannen 1971 in Nordirland Hunde zum Aufspüren von Sprengstoff einzusetzen.

Bei der Operation »Urgent Fury«, der von den USA geführten Invasion Grenadas von 1983, wurden keine Hunde eingesetzt. 1988 gerieten die israelischen Special Forces in die Kritik, weil sie im Libanon mit Sprengladungen versehene Rottweiler

Führer und Hunde befanden sich in einem neuen Teil der Welt, hatten es aber bald mit zwei alten Gegnern zu tun: der drückenden Hitze, die den Hunden schon im Zweiten Weltkrieg und in Vietnam zu schaffen gemacht hatte, und der Bedrohung durch chemische Waffen, mit der man seit dem Ersten Weltkrieg erstmals wieder rechnen musste. Die Führer verfügten über Atropin-Autoinjektoren, mit denen sie ihren Hunden im Fall eines C-Waffen-Angriffs ein Spritze verabreichen konnten. Weitere Verbesserungen waren klimatisierte Hundehütten und spezielle Brillen gegen Flugsand.

Im folgenden Jahrzehnt erfuhr das Militärhundeprogramm kaum Änderungen, bis durch die Terroranschläge vom 11. September 2001 eine völlig neue Situation entstand. Die im Irak und in Afghanistan kämpfenden verbündeten Streitkräfte wurden mit einer Aufstandsbewegung konfrontiert, wie man sie bis dahin noch nie gekannt hatte. Die konventionelle Kriegsführung wich der Bekämpfung von Gruppen, die sich aus Stammeskriegern, Terroristen und Guerillieros zusammensetzten und deren Hauptwaffe improvisierte Sprengvorrichtungen sind. Das Pentagon, das Hunde oft als Kombattanten zweiter Klasse angesehen hatte, betraute die Hundeführer und ihre Tiere bald mit der größten Verantwortung, die Militärhunde je zu tragen hatten. Mit ihrer sprichwörtlichen Treue haben sich die Tiere dieser Aufgabe gestellt.

gegen Bunker einsetzten. Bei der Operation »Just Cause«, der Invasion Panamas von 1989, kamen dann wieder einige Patrouillenhunde zum Einsatz.

Als im August 1990 die US-Streitkräfte in Vorbereitung des Golfkriegs zusammengezogen wurden, erfuhr der Einsatz von Militärhunden wieder eine leichte Steigerung. Als erste trafen die Hunde ein, die vom First Fighter Wing des Luftwaffenstützpunkts Langley in Virginia entsandt wurden. Es folgten 118 Hundeführer, die mit ihren Tieren für Wach- und Sicherungsaufgaben sowie das Aufspüren von Sprengstoff und Drogen zuständig waren. Es war dies der erste Kriegseinsatz der als Malinois bezeichneten Belgischen Schäferhunde. Frankreich entsandte über tausend Deutsche Schäferhunde zur Sicherung seines Nachschubs.

44–45 Vietnam, 10. November 1967. US-Soldat William Reed hält seinen Labrador Retriever Sambo zurück. Das Team, Teil einer schnellen Eingreiftruppe der 1st Air Cavalry Division, ist bei Phong Phu auf der Suche nach Vietcong.

46–47 Vietnam, 13. September 1968. Ein Hundeführer der U.S. 199th Light Infantry Brigade und sein Hund kämpfen bei einem Einsatz westlich von Saigon gegen die starke Strömung. Um den Fluss sicher zu durchqueren, geht der Führer am Seil.

WIE EIN HUND
ZUM HELDEN WIRD

Die Elitekriegshunde des 21. Jahrhunderts tragen die amtliche Bezeichnung »Militärdiensthund«. Diesen vierbeinigen Kämpfern vertrauen Dutzende Nationen wie Italien, Griechenland, Österreich, die Türkei, Spanien, Portugal, die Philippinen, Australien und Neuseeland. Die Funktionen der Militärdiensthunde sind unterschiedlich. So verwendet die Schweiz sie vor allem für Such- und Rettungszwecke, Russland hat Diensthunde an allen Grenzposten, und in Mexiko liegt der Akzent auf dem Aufspüren von Drogen. In Deutschland verfügt jedes Fallschirmjägerbataillon über einen Hundezug, der aus 18 Führern mit ihren Tieren besteht. Die Hundeführer erhalten zunächst eine Fallschirmjägerausbildung.

Russland, das am Irak- und Afghanistankrieg nicht beteiligt war bzw. ist, hat seit 2005 über 3000 Militärdiensthunde ausgebildet. Im Vergleich dazu hatte es für Operationen in Afghanistan im Zeitraum 1980–1988 nur 610 Diensthunde zur Verfügung. Diese Tiere spürten über 7000 Minen auf. Die USA, Russland, Frankreich und Großbritannien verfügen über die meisten Militärdiensthunde, aber auch Indien hat mehrere Tausend Diensthunde.

In Israel werden die Militärdiensthunde in drei Kategorien eingeteilt: Patrouillenhunde, Sprengstoffspürhunde sowie Such- und Rettungshunde. Die israelische Hundesondereinheit Oketz hat seit 2002 mehr als 200 Selbstmordattentate verhindert.

Frankreich gibt sich in Bezug auf sein Militärhundeprogramm wenig auskunftsfreudig. Hunde sind hier jedoch ein wichtiges Element sämtlicher Teilstreitkräfte und der Fremdenlegion. Das in Suippes im Departement Marne stationierte 132e BCAT (132e bataillon cynophile de l'armée de Terre) verfügt über einen Zwinger, der für fast 700 Hunde ausgelegt und damit der größte seiner Art in Europa ist. Er ist jedoch nur selten voll belegt. 2011 entsandte Frankreich Hundestaffeln in den Libanon, die Elfenbeinküste, nach Gabun, Guyana, Kosovo und Afghanistan. Sogar der Irak hat nun den unschätzbaren Wert der Diensthunde erkannt.

Viele Muslime sehen Hunde als »unreine« Tiere an, aber ihre Fähigkeit, Sprengstoff aufzuspüren, beginnt die Bevölkerung und die Regierung zu überzeugen. So plant die irakische Polizei, bis 2015 1000 Hundeführer mit Sprengstoffspürhunden auf den Straßen patrouillieren zu lassen.

Großbritannien wiederum weiß den Wert der Militärhunde seit Jahrhunderten zu schätzen. Das Defence Animal Centre in Melton Mowbray beherbergt Britain's Joint Service Dog School, in der jährlich etwa 300 Hunde trainiert werden. Die meisten davon werden von der Bevölkerung zur Verfügung gestellt. Ihre Ausbildung dauert vier bis sechs Monate. Die Schule bietet auch Hundeführerkurse an, die sämtliche Gebiete erfassen, vom Aufspüren von Sprengstoffen bis hin zu Wachaufgaben. Der hohen Nachfrage nach diesen Hunden wegen hat Großbritannien im März 2010 fünf Militärhundeeinheiten zum 1st Military Working Dog Regiment zusammengefasst. Die fast 300 Soldaten und 200 Hunde dieses Regiments unterstützen, ausgehend von Basen in Aldershot (101), North Luffenham (104) und Sennelager in Deutschland (102,103 und 105) Operationen in aller Welt.

Die USA verfügen über rund 2800 Militärdiensthunde, die sich in vier Kategorien unterteilen lassen: Patrouillen-Sprengstoffspürhunde, Drogenspürhunde,

49 Merzig, Saarland, Juni 2006. Zwei Soldaten der Luftlandebrigade 26 der Bundeswehr seilen sich mit ihren Hunden aus einem Helikopter ab. In den darauffolgenden Monaten kamen die Teams anlässlich der ersten freien Wahlen in der Demokratischen Republik Kongo zum Einsatz.

50–51 Soldaten und Militärdiensthunde des 2. Fallschirmjägerregiments der französischen Fremdenlegion trainieren in Calvi auf Korsika. Die Einheit ist Teil der 11. Fallschirmjägerbrigade und bildet die Speerspitze von Frankreichs Schneller Eingreiftruppe.

51 Die Militärdiensthunde des 2. Fallschirmjägerregiments der Fremdenlegion können nach ihrer Ausbildung zur Gefechtsaufklärung, zum Wachdienst und als Personenspürhunde eingesetzt werden.

Spezialisierte Spürhunde und Kampf-Fährten- oder Personenspürhunde. In einigen Militärhundezwingern in und um Washington, D.C. werden auch zivile Such- und Rettungshunde gehalten.

Patrouillenhunde bilden die größte Gruppe und haben mit den Wachhunden des Vietnamkriegs, an deren Stelle sie getreten sind, nicht mehr viel gemeinsam. Diese wurden darauf trainiert, Menschen instinktiv zu misstrauen, wozu noch eine gesteigerte Angriffslust kam. Das funktionierte, wenn die Tiere Posten oder Truppen bewachten. Für andere Aufgaben waren sie weniger geeignet. Viele davon waren im Kampfeinsatz nicht zu gebrauchen, weil sie auch die eigenen Leute als Feinde ansahen und bei jeder Gelegenheit zubissen.

Die heutigen Patrouillenhunde sind größtenteils weit toleranter. Einige hegen eine Abneigung gegen jeden,

52 Ein weißrussischer Soldat beim Training seines Militärdiensthundes auf dem Areal des weißrussischen Verteidigungsministeriums in der Nähe des Dorfes Kolodischi etwa 30 km östlich von Minsk. Die Hunde werden für verschiedene Aufgaben wie Aufspüren von Sprengstoff und Drogen und Bewachung der Grenzen ausgebildet.

53 Ein mit Augenbinde versehener Hund auf einer Balanciertreppe bei einer Übung in Kolodischi (Dezember 2003). Das Hundetrainingszentrum gilt als eines der besten Europas. Über 100 Hunde können hier gleichzeitig abgerichtet werden.

der nicht ihr Führer ist, doch die meisten bleiben ruhig und achten auf das Zeichen des Hundeführers, mit dem er ihnen anzeigt, ob jemand eine Bedrohung ist. Sie können in Menschenmengen arbeiten, ohne aggressiv zu werden, oder weite Gebiete absuchen, ohne sich ablenken zu lassen. Dennoch kann man sich darauf verlassen, dass sie auf Kommando aggressiv angreifen. Anders als der Wachhundeführer kann der moderne Hundeführer

diesen Angriff mit einem Zuruf beenden. Wachhunde waren oft derart aggressiv, dass der Führer sie an der Kehle packen und ihnen den Hals abdrücken musste, um sie zum Loslassen zu bewegen.

Abgesehen vom Einsatz bei Patrouillen bekommt jeder Hund eine Ausbildung als Drogen- oder Sprengstoffspürhund. Drogenhunde können weniger als zwei

54 Ein chinesischer Soldat beim Abrichten eines
Militärdiensthundes in einer Militärbasis in Nanjing
in der ostchinesischen Provinz Jiangsu
(Januar 2006).

54–55 Ein anderer Soldat trainiert seinen Hund
mit dem Springseil. Die Chinesische
Volksbefreiungsarmee unterhält mit über
10 000 Hunden eines der größten
Militärdiensthundeprogramme der Welt.

Als Patrouillenhunde werden vor allem Deutsche Schäferhunde und Belgische Malinois abgerichtet. Dieses dynamische Duo ist intelligent, mutig, verlässlich, berechenbar und leicht zu trainieren. Sie verfügen über einen guten Gehör- und Geruchssinn, sind ausdauernd, haben Persönlichkeit und passen sich bereitwillig nahezu allen Klimaverhältnissen an.

Diese natürliche Eignung reicht jedoch nicht aus. Die Hunde müssen 120 Tage intensiven Trainings absolvieren, zur Hälfte in der Patrouillen-, zur Hälfte in der Sucharbeit, um als ein Drogen- bzw. Sprengstoffspürhund zu gelten. Der Spezialisierte Spürhund hingegen wird nicht für Patrouillengänge abgerichtet, sondern in einem 93 Tage währenden Kurs zum Erschnüffeln von Sprengstoff.

Diese dritte Kategorie der Militärdiensthunde entstand im Zweiten Weltkrieg in Nordafrika. Die Ergebnisse waren bescheiden: Bei zwei Testläufen fanden sie nur etwa die Hälfte der verlegten Minen. In Vietnam arbeiteten die Minenspürhunde weit besser, und heute haben sich die Spezialisierten Spürhunde als unschätzbare Hilfe beim Entdecken improvisierter Sprengfallen erwiesen, der tödlichsten Gefahr für die Verbündeten Streitkräfte im Irak und in Afghanistan. Seit seinem Beginn im Jahr 2005 wurden dank des Programms für Spezialisierte Spürhunde hunderttausende Kilo an Waffen, Sprengstoff und Munition entdeckt. Bei den Spezialisierten Spürhunden handelt es sich zumeist um Labrador Retriever. Sie werden in der Ausbildung ihrem Hundeführer zugeteilt, treten mit ihm zur Abschlussprüfung an und bilden dann mit ihm ein Einsatzteam. Die Schule bringt im Jahr etwa 50 solcher Einsatzteams hervor, die anschließend auf Heer und Marineinfanterie aufgeteilt werden. Die Selbständigkeit des Labrador Retrievers erlaubt es, ihn von der Leine zu lassen, wodurch der Hundeführer in sicherer Entfernung von versteckten Sprengsätzen bleiben kann. Er behält jedoch die Kontrolle über seinen Hund durch Zurufe und Richtungsanweisungen.

Der Schlüssel zum Erfolg ist der Geruchssinn des Hundes, die sogenannte »olfaktorische Fähigkeit«. Hunde haben 220 Millionen Geruchsrezeptoren – 44-mal so viele wie Menschen. Um die Fähigkeiten einer solchen Spürnase zu beschreiben, sagt man oft, dass ein Mensch einen Kuchen im Backofen riecht, während ein Hund jede einzelne Zutat dieses Kuchens riechen kann. Verbrecher, die Bomben legen, treiben oft einen hohen Aufwand, um den Geruchssinn des Hundes zu täuschen, aber ohne Erfolg. Und wenn sie versuchen, sich abzusetzen, bleiben ihnen die Spürhunde der Marineinfanterie auf der Fährte.

Das Programm hat sich in Vietnam sehr bewährt. Die Fährtenhunde spürten feindliche Soldaten ohne Probleme auf, da die asiatische Ernährung auf Reis basiert, die amerikanische hingegen auf Weizen. Daraus resultieren Unterschiede im Körpergeruch, die der Hund genau unterscheiden kann.

Die 40-Tage-Kurse für Personenspürhunde wurden 2010 wieder aufgenommen und bringen jährlich etwa ein Dutzend Führer-Hunde-Teams hervor. Die Kampfspürhunde können alles erschnüffeln, von Heckenschützen bis zu Vermissten. Die Hunde haben Hinterhalte vereitelt und Bewegungen des Feindes im Kampfgebiet verfolgt. Eine der nützlichsten Fähigkeiten zeigt sich, wenn ein Sprengstoffspürhund am Straßenrand einen Sprengsatz gefunden hat. In diesem Fall holt man Personenspürhunde, die den Geruch aufnehmen, der sie zum Bombenleger hinführt.

Das Militär versorgt sich bei spezialisierten europäischen Verkäufern, hat aber auch selbst ein Zuchtprogramm, um seine Rudel aufzufüllen. Allerdings ist nicht jeder Hund geeignet. Bis zu 40 000 Dollar pro Jahr werden ausgegeben, um diese vierbeinigen Kämpfer abzurichten, unterzubringen und zu ernäh-

57 U.S. Marine Lance Cpl. José Rivera, ein Hundeführer, der für die Arbeit mit Kampfspürhunden ausgebildet ist, lässt sich bei einer Vorführung vor Schülern der Condor Elementary School von Patrouillenhunden angreifen (24. Oktober 2011).

ren. Denn nur exzellente Resultate werden akzeptiert. Die Verantwortlichen suchen nach energischen Hunden, die nach Belohnung streben. Sie müssen ein hohes Maß an Mut, Konzentration und Eifer an den Tag legen und absolut schussfest sein.

Für die Abrichtung zum Militärdienst in Frage kommende Hunde müssen ein bis drei Jahre alt sein, eine Schulterhöhe von mindestens 56 cm und einen athletischen, gut proportionierten Körper aufweisen. Zudem werden sie gründlichen Untersuchungen unterzogen, etwa Röntgendurchleuchtungen der Hüften und Ellenbogen. Besonders wichtig ist dies bei Deutschen Schäferhunden, die zu Hüftgelenksdysplasie neigen. Hunde mit diesem genetischen Fehler bekommen mit zunehmendem Alter starke Schmerzen an der Hinterhand bis hin zu Lähmungen, wodurch sich die Dienstzeit des Hundes um Jahre verkürzt.

Der Preis eines Malinois bzw. Schäferhunds beträgt etwa 16 000 Dollar, ein taktischer Sprengstoffspürhund, normalerweise ein Labrador Retriever, kostet 14 000 Dollar. Die ausgewählten Hunde werden in das Hundelager der Luftwaffenbasis Lackland bei San Antonio in Texas gebracht. Hier unterhält die Training Squadron 341 das weltweit größte Hundeabrichtezentrum. Pro Jahr werden hier 500 neue Hundeführer und 300 Militärdiensthunde ausgebildet, hinzu kommen 40 Sprengstoffspürhunde zur Unterstützung von Pionieren.

Der beachtliche Erfolg der Militärdiensthunde im In- und Ausland geht letztlich auf Air Force Master Sgt. Richard Reidel zurück. Er bildet Hunde und Hundeführer seit Beginn des Kampfes gegen den Terror aus. Als die Kampfeinsätze ins zweite Jahrzehnt gingen, stieg er, seit acht Jahren nicht mehr im aktiven Dienst, zum Leiter der Ausbildung auf. Damit übernahm er die Verantwortung für die Hundeabrichteschule, aber auch für die Hundeführer-,

58–59 Ein Marineinfanterist belohnt seinen spezialisierten Spürhund mit einem Spielzeug. Die Hundeführer setzen jetzt die Methode der »Operanten Konditionierung« ein, bei der die Hunde durch Belohnungen zum Aufspüren von Sprengstoff angeregt werden.

Zwingerkommandanten-, Personenspürhunde- und Sprengstoffspürhundekurse.

Reidel hat das Kommando über 120 Instruktoren. Wie bei den von ihnen ausgebildeten Hunden und Hundeführern werden dafür nur optimal geeignete Kandidaten ausgewählt. Die meisten von ihnen haben Jura studiert oder verfügen über andere Hochschulabschlüsse. Häufige Praktika in Kriegsgebieten sind nicht ungewöhnlich, und die dabei gewonnenen Erfahrungen werden an die Auszubildenden weitergegeben, da diese meist bald nach ihrer Abschlussprüfung zum Einsatz kommen. Die Schule hat 90 Abrichteareale mit einer Gesamtfläche von 160 Hektar. Sie kann bis zu tausend Hunde beherbergen. Normalerweise beträgt der Bestand 850 Tiere.

Das Juwel ist eine 15 Millionen Dollar teure Tierklinik. Diese dem neuesten Stand der Technik entsprechende Anlage wurde 2008 eröffnet und ist mit zwei Operationssälen und zwei Räumen für ambulante Behandlungen ausgestattet. Die Tierärzte können hier Endoskopien, Laparoskopien, Arthroskopien sowie orthopädische und neurochirurgische Behandlungen durchführen. Ihnen stehen modernste bildgebende Verfahren wie digitale Radiographie, Ultraschall und Computertomographie oder CAT-Scan zur Verfügung. Sobald die Hunde die Intensivbehandlung hinter sich gebracht haben, werden sie modernsten Reha-Maßnahmen und Physiotherapien unterzogen, die von Lasertherapien bis zu Unterwasserlaufbändern reichen. In der Klinik sind 14 Tierärzte tätig, die über eine Sonderausbildung in Chirurgie, Radiologie, innere Medizin, Notversorgung, Epidemologie und tierische Verhaltensweisen verfügen. Dazu kommen 25 geprüfte Veterinärtechniker und Tierpflegespezialisten des Heeres.

Während in der Tierklinik liebevolle Pflege praktiziert wird, gilt auf den Abrichteplätzen das Prinzip des absoluten Gehorsams. »Operante Konditionie-

rung« nennt man die Technik, durch die aus einem braven Haustier ein Militärhund gemacht wird. Die alte Methode der Hundeführer bestand darin, die Halskette des Hundes zusammenzuziehen, wenn der Hund etwas falsch gemacht hatte. Die neue Methode verstärkt positives Verhalten durch Belohnung. Der Hund wird darauf trainiert, den Zielgeruch zu erkennen und sich hinzusetzen, wenn er diesen Geruch lokalisiert hat. Er erhält dann eine Belohnung, die ihn vor allem für weitere Suchaktionen motiviert. Denn von sich aus sucht ein Hund weder nach Drogen noch nach Sprengstoff – er will nur die Belohnung, und der Sucherfolg ist für ihn ein Mittel, sie zu erhalten.

Diese Belohnung besteht gewöhnlich aus einer Kombination von Lob, Streicheln und einer Kleinigkeit zu fressen oder einem Spielzeug. Wenn so erzogene Hunde einen Befehl nicht beachten oder nicht richtig ausführen, erhalten sie einfach keine Belohnung. Weitere Strafen sind nur selten nötig. Falls erforderlich zieht der Hundeführer mit einem energischen »Nein« kräftig an der Leine, er darf den Hund aber niemals schlagen.

Sobald diese Grundlagen eingeübt sind, können die Hunde für gelenkte Angriffe abgerichtet werden. Man lehrt sie, auf Kommando anzugreifen und sich zurückzuziehen und ihren Führer zu beschützen. Die meisten Hunde lernen das sehr schnell, insbesondere Patrouillenhunde. Für den Hund ist der Führer Vater, Versorger und bester Freund zugleich, deshalb wird er ihn um jeden Preis beschützen. Dieser Verteidigungsreflex ist derart stark, dass die Hundeführer Codewörter benutzen, um dem Tier mitzuteilen, dass die Lage ungefährlich ist. Nähert sich jemand dem Hundeführer, ohne dass dieser das Codewort ausspricht, so wird der Hund sofort aufstehen und zähnefletschend ein drohendes Knurren ertönen lassen. Kommt das Codewort im-

61 *Senior Airman Gregory Darby, ein Hundeführer der 8th Security Forces Squadron auf der Kunsan Air Base in Südkorea bei einer Pause mit seinem Hund Mack (2003). Das Duo hatte zuvor auf einem Übungsplatz der Operation Enduring Freedom einen Hindernislauf hinter sich gebracht.*

mer noch nicht, so wird der sich Nähernde bald Bekanntschaft mit dem Gebiss des Hundes machen.

Bevor die Hunde zum Dienst auf den Straßen freigegeben werden, bringt man ihnen zwei Arten des gelenkten Angriffs bei. Die Sechs-Phasen-Methode umfasst ein halbes Dutzend Komponenten:

- **Angriffsbereitschaft:** Beim Kommando »Bleib!« muss der frei folgende, nicht angeleinte Hund bei Fuß, in Sitz- oder Liegehaltung bleiben und darf die sich nähernde Person nicht angreifen.
- **Angriff auf Befehl:** Auf das Kommando »Fass!« muss der Hund die Person angreifen. Er wird darauf abgerichtet, zuzubeißen und 15 Sekunden lang festzuhalten. Auf das Kommando »Aus!«

hin muss er loslassen. Der Führer kann das Kommando zweimal geben. Lässt der Hund nicht los, so hat er versagt. Auf das Kommando »Fuß!« muss er wieder zu seinem Führer zurückkehren.

- **Durchsuchen und Angriff:** Der nicht angeleinte Hund bleibt in der ursprünglichen Bei-Fuß-, Sitz- oder Liegeposition, während der Führer einen Verdächtigen durchsucht. Versucht der Verdächtige zu fliehen oder greift er den Führer an, muss der Hund ohne Befehl angreifen. Der Führer wird sich nun so platzieren, dass sich der Verdächtige zwischen ihm und dem Hund befindet. Er wird dann den Hund ansehen und das Kom-

62 Petty Officer Gina Pronzati von der Task Force Military Police belohnt ihren Hund Dicky
nach dem Abschluss seiner Ausbildung in Camp Fallujah, Irak (November 2007).

63 Ein der Naval Security Force K-9 Unit in Bahrain zugeteilter Chief Master-at-Arms beim Training mit
seinem Malinois (Mai 2007). Das Aufspürtraining findet mindestens dreimal im Monat statt, damit die
Militärdiensthunde die Fähigkeit behalten, den Geruch von Sprengstoff zu erkennen.

mando »Fuß!« geben. Um zu seinem Herrn zurückzukehren, muss der Hund an dem Verdächtigen vorbeigehen, und zwar ohne ihn ein zweites Mal zu beißen.

- **Durchsuchen und Zusehen:** Identisch mit dem eben beschriebenen Szenario, nur leistet der Verdächtige keinen Widerstand. Der Hund darf hier nicht angreifen.

- **Stillhalten:** Der Hund bekommt das Kommando »Fass!«. Sobald er in unmittelbare Nähe des Verdächtigen kommt, ruft der Führer »Aus!«. Der Hund muss stillhalten und statt zuzubeißen auf das Kommando »Fuß!« hin wieder zum Führer zurückkommen.

- **Eskorte:** Hund und Führer müssen den Verdächtigen mindestens 18 Meter eskortieren, ohne dass der Hund angreift.

»Aus und Bewachen« ist die zweite Art gelenkten Angriffs. Sie besteht aus acht Elementen. Die ersten fünf ähneln den in den »Sechs Phasen« gelehrten Aktionen, hinzu kommen jedoch:

- **Gebäude durchsuchen:** Der Hund muss einen Verdächtigen in einem Haus oder Gebäude ausfindig machen und dem Führer zeigen, wo genau er sich befindet.

- **Schüsse:** Der Hund muss zeigen, dass er sich durch Schüsse nicht aus der Ruhe bringen lässt, gleich, ob diese vom Führer oder einer anderen Person abgegeben werden. Außerdem darf der Hund nicht angreifen, wenn er Schüsse hört.

- **Aufklären und Patrouillieren:** Der Hund muss zeigen, dass er Menschen durch Riechen, Sehen oder Hören aufspüren kann, die 30 bis 60 Meter entfernt gegen den Wind versteckt sind.

64 Master-at-Arms 2nd Class David Nerling mit seiner Hündin Valerie beim Grundlagentraining in der Lackland Air Force Base in Texas im August 2006. Er bringt dem Hund bei, auf das Handzeichen »Platz« zu reagieren. Nerling arbeitet gemeinsam mit Trainern von Luftwaffe, Heer und Marineinfanterie.

Erfüllt der Hund diese schwierigen Anforderungen – was dank der strengen Zulassungsbedingungen bei über 90 Prozent der Probanden der Fall ist –, darf er als »Militärdiensthund« bezeichnet werden. Man wird ihn zum Schutz von Militärbasen, des Personals und der Familienangehörigen einsetzen. Er wird Abgeordnete, Präsidenten und ausländische Würdenträger beschützen. Er wird Terroristen und Sprengsätze an der Front aufspüren.

Dieses Training wird weitergeführt. Dabei wird der Hund seine sensorischen Fähigkeiten ständig steigern. All das verdankt er dem Leiter des Zwingers. Egal wie lang ein Hund bereits im Dienst steht, der wichtigste Mann in einer Militärdiensthundeeinheit ist der Zwingerkommandant.

Der Zwingerkommandant hat den Oberbefehl über sämtliche Hunde und Hundeführer seiner Basis. Er ist verantwortlich für Ernährung, tierärztliche Betreuung, Abrichtung und Einsatz des Hundes. Er stellt sicher, dass sämtliche Führer-Hunde-Teams die nötigen Prüfungen abgelegt haben und ihren Aufgaben gewachsen sind. Er verwaltet Budget und Ausrüstung der Einheit. Außerdem berät er die Kommandeure bei der Frage, wie Militärdiensthunde-Teams in einem bestimmten Einsatzgebiet am besten einzusetzen sind.

Der Zwingerkommandant ist dem Rang nach mindestens Stabsfeldwebel (beim Heer und der Marineinfanterie), technischer Feldwebel (bei der Luftwaffe) oder Unteroffizier erster Klasse (bei der Kriegsmarine). Er muss mindestens vier Jahre erfolgreich als Hundeführer tätig gewesen sein. Außerdem muss er den 17-tägigen Zwingerkommandantenkurs in der Luftwaffenbasis Lackland ab-

65 Bei ihrer Abrichtung durch die 341st Training Squadron in der Lackland Air Force Base in Texas lernen die Hunde, mündliche Kommandos und Handzeichen zu befolgen. Pro Jahr werden hier 1300 Hunde aller Waffengattungen für den Patrouillendienst und das Aufspüren von Drogen und Sprengstoff ausgebildet.

solviert haben. Die wichtigste Aufgabe des Zwingerkommandanten besteht darin, dafür zu sorgen, dass seine Hundeführer optimale Arbeit leisten und jeden Hund zu Höchstleistungen führen. An dieser Fähigkeit wird Tag für Tag gearbeitet.

Der erste Schritt besteht darin, Hund und Führer miteinander vertraut zu machen. Auf dieser Vertrauensbindung baut jedes Team auf – allerdings erfordert sie manchmal innovatives Denken. 2005 wurde Sgt. 1st Class William Webster nach Afghanistan abkommandiert. Man teilte ihm einen respekteinflößenden Patrouillen- und Sprengstoffspürhund zu, der auf den Namen Lucky hörte. Als Webster seinen Lucky zum ersten Mal begrüßte, reagierte der Hund darauf mit einem Zähnefletschen, das sein gesamtes Gebiss freilegte. Kein Knurren, kein Bellen, nur 42 Zähne und ein böser Blick. Schlimmer noch, die vier vorderen Schneidezähne des Hundes waren aus Titan.

Am folgenden Tag begann Webster im Zwinger mit dem wichtigen Anfreundungsprozess. Luckys Angriffslust war so bekannt, dass andere Hundeführer sogar die Kameras bereithielten, um die Show für die Nachwelt festzuhalten. Webster hatte nicht sein erstes Rodeo vor sich. Er panierte seine Hand mit kleingehackter Salami und ging furchtlos auf den Hund zu. Dann ergriff er Luckys Würgehalsband und hielt ihm die mit Salami präparierte Hand vor die Nase. Der Hund begann sie abzulecken, Webster streichelte ihn liebevoll, und die Bindung war hergestellt.

Ein frisch gebildetes Team wie Webster und Lucky verbringt etwa zwei Wochen damit, sich kennenzulernen. Der Führer bürstet und füttert den Hund und spielt mit ihm, bis der Hund dem Führer in Bezug auf alle seine Bedürfnisse vertraut.

Die Bindung zwischen Hund und Führer kommt bei jedem Team auf andere Weise zum Ausdruck. Manche Hunde springen an ihrem Führer hoch und geben ihm einen Kuss. Manche reiben sich an seinen Beinen. Andere setzen sich bloß hin und wedeln mit dem Schwanz, weigern sich aber, ihn auch nur zu berühren, solange er sie nicht gefüttert hat. So wie der Hundeführer hat eben auch jeder Hund seine eigene Persönlichkeit.

Die Führer schätzen diese Zuneigung und den Schutz des Hundes. Sie zeigen dies auch am Beginn jedes Arbeitstages. Das gegenseitige tiefe Vertrauen und die Freundschaft sind deutlich sichtbar, hinter dieser Zeit des Spielens versteckt sich jedoch der eigentliche Zweck. Der Führer nutzt diese Phase der Zweisamkeit, um die Gesundheit des Tiers zu überwachen, wobei der Fokus auf Augen, Nase, Ohren, Maul, Haut, Fell, Genitalien und Analdrüsen liegt.

Der Hund bekommt dann ein ausgewogenes Frühstück vorgegebener Zusammensetzung. Das Trockenfutter besteht aus Maismehl, Hühnerprodukten, tierischem Fett, Pflanzenöl, Trockenei, Flachssamen und einer Reihe Vitaminen. Die athletischen Hunde brauchen diese hochwertige Nahrung, um den hohen Anforderungen gerecht zu werden, die man an sie stellt. Veterinäre legen für jeden Hund anhand des Gewichts, der Aktivitäten und des Klimas genau die richtige Nahrungsmenge fest, die gewöhnlich ein bis vier Näpfe beträgt.

Reste werden schnell entsorgt, aber jeder Hund bekommt im Lauf des Tages eine weitere Mahlzeit. Durch diesen Zyklus wird die vom Hund produzierte Gasmenge eingeschränkt, die potenziell tödliche Blähungen hervorrufen könnte. Dazu kommt es, wenn bei größeren Hunden im Magen Luft und Gase eingeschlossen sind und eine Magendrehung

67 Gunner wird von seinem Führer U. S. Marine Cpl. Chad McCoy gestreichelt (Februar 2010, Camp Leatherneck, Provinz Helmand, Afghanistan). McCoy und andere Hundeführer stellten bei Gunner Anzeichen eine Posttraumatische Belastungsstörung fest. Der Sprengstoffspürhund ergriff die Flucht, sobald er eine Explosion hörte.

68 U.S. Air Force Staff Sgt. Jason Albrecht lässt Markey über eine Hindernisbahn laufen (13. Juli 2011, Shaw Air Force Base, South Carolina). Albrecht ist ein erfahrener Hundeführer der 20th Security Forces Squadron.

68–69 U.S. Air Force Staff Sgt. Derek Donahey beobachtet seinen Militärdiensthund Oran beim Sprung durch eine Fensterattrappe auf der Hindernisbahn der Nellis Air Force Base, Nevada. Donahey und Oran versehen ihren Dienst in der 99th Security Forces Squadron.

70 Ein britischer Soldat der Theater Military Working Dog Unit trainiert einen Deutschen Schäferhund auf dem britischen Stützpunkt Shaibah bei Basra im Südirak (29. September 2004). Die Einheit richtete Deutsche Schäfer, Labrador Retriever und English Springer Spaniels als Sprengstoffhunde ab.

71 Master-at-Arms 2nd Class Jeremy Aldrich und sein Hund Tyson, ein vierjähriger Blauer Malinois, während einer Pause auf der Hindernisbahn der Basis der Naval Security Force K-9 Unit in Bahrain (7. Mai 2007). Aldrich diente hier mit Tyson eineinhalb Jahre. Sie sicherten den Stützpunkt der Einheit und die Mina-Salman-Pier.

72 Ein Marineinfanterist hat seinen Schäferhund auf der Hindernisbahn von der Leine gelassen. Die Hunde müssen durch Rohre kriechen, über Hürden springen, Treppen ersteigen und durch Fenster klettern. Diese Übungen ermöglichen es den Hundeführern auch zu beobachten, ob die Hunde körperliche Probleme haben.

73 U.S. Air Force Staff Sgt. Chris Reynolds mit seinem Deutschen Schäferhund Baiky beim Training auf der Hindernisbahn auf dem Bagram Airfield in Afghanistan (7. August 2009). Reynolds, der acht Jahre Einsatz hinter sich hat, ist Hundeführer bei der 455th Expeditionary Security Forces Squadron.

Szenario wird der Hund in ein Gebäude oder Waldstück geschickt, um einen Verdächtigen in seinem Versteck aufzustöbern. Gewöhnlich ist die Suche abgeschlossen, ehe der Betroffene die Situation erfasst.

Für den Hund ist das kein Spiel. Er trainiert, wie er kämpft, mit hundertprozentigem Einsatz. Von einem kräftig gebauten Hund mit voller Geschwindigkeit angesprungen zu werden, ist an sich schon eine harte Sache. Normalerweise werden erwachsene Männer durch die Wucht des Aufpralls zu Boden gerissen. Die entscheidende Wirkung allerdings erfolgt durch den Biss. Selbst unter einem dicken Schutzpolster fühlt sich ein Druck von 48 atü an wie eine riesige Schraubzwinge, die einem den Arm verdreht. Dieses Angriffstraining ist derart anstrengend, dass die Teams es auf drei Tage pro Woche beschränken, damit sich die Muskeln regenerieren können – beim Hund und beim Führer, der den Bösewicht spielt.

Sobald der Hund den »Verbrecher« aus seinem Schraubstockgebiss entlassen hat, macht sich der Soldat an sein eigenes Körpertraining. Hundeführer müssen denselben Anstrengungen gewachsen sein wie jeder andere Soldat, deshalb tun sie sich mit dem Hund zusammen, um einige Kilometer Gelän-

74 und 74–75 Lance Cpl. Drew Nyman, ein in Emporia, Kanada, gebürtiger Hundeführer im Combat Center's Provost Marshal's Office, trainiert mit Robby, einem Militärdiensthund des PMO, das Niederwerfen von Personen (27. Juli 2009). Der Biss eines Militärdiensthundes kann einen Druck von bis zu 48 atü erzeugen.

delauf zu machen oder im Schwimmbecken der Basis einige Runden zu drehen. Wichtig ist, dass dies am frühen Morgen geschieht, damit sich der Hund nicht überhitzt.

Wenn sich die meisten Menschen gerade an ihren Arbeitsplatz gewöhnt haben, macht sich das Militärhundeteam bereits für die nächste Aufgabe fertig, das Aufspürtraining.

76–77 Militärdiensthund Rocky packt die Beißrolle von U.S. Navy Master-at-Arms 2nd Class Adam Leeds.

78 Ein Feldwebel der Luftwaffe lässt seinen Hund von der Leine. Die Freilaufsuche ermöglicht es dem Hund, vor den Soldaten in mögliche Hinterhalte einzudringen.

79 (oben und unten) Bei einer Übung trägt U S. Air Force Staff Sgt. Erick Martinez seinen Hund auf der Schulter.

Jedes Team muss pro Woche vier Stunden Aufspüren trainieren, spezialisierte Spürhunde sogar sechs Stunden. Guter Durchschnitt wird hier nicht akzeptiert, nur exzellente Leistungen. Sprengstoffspürhunde müssen 95 Prozent der Sprengladungen ausfindig machen, Drogenspürhunde neun von zehn Objekten. Bei beiden Kategorien sind mehr als 10 Prozent Fehlanzeigen erlaubt.

Der Zwingerkommandant bestimmt für die Organisation dieser Übungen einen eigenen Trainer. Seinem Einfallsreichtum in Bezug auf Szenarien sind keine Grenzen gesetzt. Die Suchobjekte können in Rucksäcken oder Baracken versteckt sein, in einem Haus oder an einer Autostraße. Der Hundeführer hingegen weiß nicht, wo die Drogen oder Sprengkörper innerhalb des abzusuchenden Gebiets versteckt wurden. Er könnte sonst versucht sein, sich auf die entsprechende Zone zu konzentrieren oder sie im Gegenteil zu meiden, um den Hund zu täuschen. Da die Suchobjekte von Dritten versteckt werden, lernen sich Hund und Führer in Bezug auf ihr Verhalten im Ernstfall besser kennen.

Die Trainer nutzen diese Zeit, um die Fähigkeiten des Hundeführers zu verbessern. Sie beobachten ihn genau, seine Art zu gehen, seine Körpersprache, seine Eigenheiten und seine Kommandos. So neigen junge Hundeführer zum Beispiel dazu, den Hund durch ein Verhalten zu verwirren, das ihn eine Belohnung erwarten lässt, die dann aber nicht kommt.

Die Führer wiederum nutzen das Aufspürtraining, um ihren Hund genau kennenzulernen. Der Militärdiensthund ist kein Roboter. Er ist schlau und wird manchmal versuchen, eine Belohnung zu ergattern, indem er positive Verhaltensweisen vortäuscht. Ein guter Hundeführer wird darauf nicht hereinfallen und ihn erst belohnen, wenn er es wirklich verdient. In dieser Phase können die Führer dem Hund auch seine Ängste nehmen und dafür sorgen, dass er schlechte Gewohnheiten ablegt. Man darf sich nicht täuschen: Jeder Hund muss sich irgendetwas abgewöhnen. Manche werden

beim Suchen faul und wollen sich nicht hinlegen oder aufstehen. Manche ängstigen sich vor Spiegeln, weil sie ihr Spiegelbild für einen anderen Hund halten, andere werden von lauten Geräuschen wie Flugzeug- oder Helikopterlärm erschreckt. Domil, ein Deutscher Schäferhund in Fort Benning in Georgia, hatte Angst vor Fernsehern. Der Drogenspürhund ist ein kampferprobter Veteran, aber an ein TV-Gerät traute er sich nicht heran.

Army Specialist Tabra Carn, seine Führerin, wusste nicht, warum ihr Hund sich so verhielt, benutzte jedoch ihr tägliches Aufspürtraining, um ihm seine Angst zu nehmen. Sie arbeitete mit Domil immer in einer gewissen Entfernung von einem Fernsehgerät. Die Entfernung wurde täglich kleiner. Wenn er zögerte, spielte sie mit ihm und ermunterte ihn mit einem begeisterten »Braver Hund!«. Nach wenigen Wochen war seine Furcht verschwunden.

80–81 Durch seinen Geruchssinn, seine »olfaktorische Fähigkeit«, kann der Hund Soldaten auf die Anwesenheit feindlicher Truppen oder auf versteckte Sprengsätze hinweisen, die sonst unbemerkt bleiben würden. Hunde verfügen über 220 Millionen Geruchsrezeptoren – 44-mal so viel wie Menschen.

Mit Beginn des Nachmittags ist das Aufspürtraining beendet. Der Hund ruht sich vor seiner Mittagsmahlzeit etwa eine Stunde aus, während der Führer einen detaillierten Bericht über die Aktivitäten des Tages erstellt. Ist das Logbuch geschlossen, so ist auch der Trainingstag beendet.

Das bedeutet aber nicht, dass man das Licht ausmachen und die Heimfahrt antreten kann. Patrouillen-Sprengstoff- und Patrouillen-Drogenspürhunde müssen pro Woche mindestens vier Stunden Patrouillendienst und pro Monat 96 Einsatzstunden leisten. Das kann im Polizeivollzugsdienst oder anderen Sondereinsätzen erfolgen. So helfen z. B. Militärdiensthunde routinemäßig aus, wenn eine in der Nähe gelegene Einrichtung oder Gemeinschaft kein eigenes Hundeprogramm unterhält. Darüber hinaus unterstützen sie Einsätze des Geheimdienstes, wenn sich hohe Militärs oder Regierungsvertreter in der Gegend aufhalten. Bei diesen Einsätzen zeigt sich schnell, dass Militärdiensthunde eine Klasse für sich sind. Die intensiven Trainings- und Kampfeinsätze haben Hunde hervorgebracht, die den Vierbeinern des Geheimdiensts an Ausdauer und Leistung deutlich überlegen sind – was denen durchaus bewusst ist. Es ist nicht ungewöhnlich, dass ein Geheimdienstmitarbeiter ein Militärdiensthundeteam bittet, ein bereits von seinem Hund abgesuchtes Gebiet noch einmal abzusuchen oder ein Gebiet abzusuchen, das der Geheimdiensthund nur zum Teil absuchen konnte, weil er erschöpft war.

In diesem strapaziösen Betrieb müssen Militärdiensthundeteams auch noch ihre jährliche Zertifizierung bestehen. Diese sind auch erforderlich, wenn einem Führer ein neuer Hund zugeteilt wird, wenn das Team 35 Tage in Folge kein Lebenserhaltungstraining absolviert hat oder wenn ein Team zwei Monate lang die vorgeschriebenen Aufspürraten nicht erreicht hat. Die Zertifizierung des Teams findet jeweils in einer anderen Basis statt. Ein dort stationierter Trainer wird hier Sprengkörper oder Drogen an mindestens fünf verschiedenen Orten verstecken. An einigen Orten wird nichts versteckt, um das Team auf Trab zu halten. Die Teams werden auch in Bezug auf Konfrontationsmanagement und der Überwachung von Menschenmengen getestet. Ziel ist die geringstmögliche Gewaltanwendung bei größtmöglicher Abschreckung.

Dieses Training ist notwendig und wird von Offizieren der Polizei und der Streitkräfte gleichermaßen geschätzt, lässt den Hund jedoch in einer äußerst misslichen Lage zurück, wenn es Zeit für den Ruhestand wird. Militärdiensthunde versehen ihren Dienst in der Regel zehn bis zwölf Jahre, allerdings zeigen die Statistiken, dass Hunde, die oftmals unter aufreibenden Bedingungen in Kriegsgebieten eingesetzt wurden, schon eineinhalb Jahre früher ausgemustert werden müssen.

Das im Jahr 2000 in Kraft getretene Robby-Gesetz ermöglicht die Adoption dieser Hunde. Sie müssen eine gründliche Überprüfung über sich ergehen lassen einschließlich einer tierärztlichen Untersuchung und einer Feststellung des Temperaments, bevor die Adoption genehmigt wird. Manche Hunde sind aufgrund ihrer altersbedingten Leiden nicht für die Adoption geeignet, andere können ihr aggressives Verhalten nicht mehr ablegen.

Pro Jahr werden etwa 15 Prozent der Militärdiensthunde zur Adoption freigegeben. Laut Bundesgesetz haben die Vollzugsbehörden Priorität. Neun von zehn Hunden, die nicht die Anforderungen an das Alter und die Gesundheit erfüllen, um dauerhaft Dienst im zivilen Vollzugsdienst zu leisten, werden von ihren Führern adoptiert, der Rest von Privatpersonen, die auf einer Warteliste stehen und mit einem Jahr Wartezeit rechnen müssen.

Seit kurzem ist es den Angehörigen gefallener Soldaten möglich, den Hund zu adoptieren, mit dem der Gefallene seinen Dienst versehen hat.

83 Ein Soldat der U.S. Special Forces streichelt auf dem Militärflugplatz Hurlburt Field in Florida einen Diensthund (7. März 2011). Er nimmt an der Übung Emerald Warrior teil, einer zweiwöchigen kombinierten taktischen Übung, die alljährlich stattfindet und vom U.S. Special Operations Command gesponsert wird. Sie hat den Zweck, bei den Operationen Iraqi und Enduring Freedom gemachte Erfahrungen zu nutzen.

AN DER FRONT

In den Jahren unmittelbar vor Beginn des Kriegs gegen den Terror hatten die Hundeteams ein ziemlich ruhiges Leben. Patrouillen-Sprengstoffspürhunde wurden gelegentlich in Konfliktgebiete wie Bosnien oder Kosovo entsandt und eine Handvoll Drogenspürhunde halfen an der texanisch-mexikanischen Grenze aus. Das änderte sich grundlegend am 11. September 2001. Das Special Forces Operational Detachment Alpha 555 (»Triple Nickel«) war die erste US-Einheit, die in Afghanistan eintraf. Das A-Team erreichte am 19. Oktober das Pandschir-Tal mit dem Auftrag, den Luftwaffenstützpunkt Bagram und Kabul zu befreien. Die Planer im Pentagon gingen davon aus, dass die Einheit dazu sechs Monate brauchen würde. Tatsächlich waren es nur 25 Tage.

Die ersten Hundeteams, die in Afghanistan eintrafen, blieben dem A-Team dicht auf den Fersen. U.S. Air Force Staff Sgt. Timothy Miller und sein Hund Marco waren das erste Gespann, das auf diesen Kriegsschauplatz entsandt wurde. Sie trafen im September 2011 auf einer Luftwaffenbasis in Usbekistan ein. Während das A-Team von Bagram nach Süden Richtung Hauptstadt vorrückte, schlossen sich Miller und Marco 300 Soldaten der 10th Mountain Division an, die Bagram säuberten und sicherten. Später halfen sie mit, die amerikanische Botschaft in Kabul nach Sprengsätzen zu durchsuchen.

Das Hundeteam war ein beliebtes Paar, besonders in Bagram. In der Umgebung wimmelte es von Minen und Blindgängern aus der Zeit der russischen Besatzung. Sogar auf den Straßenböschungen, die eigentlich als Schutz der eigenen Truppen gedacht waren, warteten zahllose explosive Überraschungen. Die einzige sichere Art des Weiterkommens war, nur auf Beton zu gehen, doch selbst hier setzten die Soldaten den Fuß nur sehr behutsam auf. Marcos Einsatz war nur der Auftakt von dem, was noch kommen sollte. In den folgenden zehn Jahren stieg die Zahl der amerikanischen Militärdiensthunde von 1300 auf 2800. Im Irak und in Afghanistan waren 1200 Teams zugleich im Einsatz.

Die Zwinger unterstützen in Afghanistan fünf Regionalkommandos: Nord, Süd, Südwest, Ost und West. Die Zwinger im Irak unterstützen die sechs als »Multi-National Divisions« bezeichneten Militärsektoren Nord, Nord-Zentrum, Bagdad, West, Süd-Zentrum und Südost.

Hundestaffeln aus allen großen Staaten des Bündnisses haben wiederholt Einsätze zur Unterstützung der militärischen Operationen geleistet. Dazu kommen nicht minder tüchtige Hundeteams aus kleineren Staaten wie den Niederlanden, Estland, Norwegen, Ungarn, Slowenien und Kroatien.

Die Zwingerkommandanten teilten die Hunde zumeist Divisionen innerhalb des Verantwortungsbereichs zu, Zuteilungen zu Brigaden oder Regimentern waren jedoch auch nicht ungewöhnlich. Anders als in Vietnam, wo die Hunde bis zum Ende im Einsatz blieben, werden Hund und Führer vor ihrer Entsendung gemeinsam zertifiziert und kehren auch gemeinsam in die Heimat zurück. Allerdings kommen oft Hunde für eine sechsmonatige Zertifizierung mit einem neuen Führer nach Hause, um dann erneut eingesetzt zu werden. Das bedeutet, dass die meisten Hunde mehr Einsätze hinter sich bringen als die Soldaten. Aber auch die Führer werden öfter

85 U.S. Marine Cpl. Matthew Flaherty, Militärdiensthundeführer in der Headquarters and Service Company, 1st Battalion, 25th Marine Regiment, mit seinem Sprengstoffspürhund Chica bei einem Sicherheitseinsatz während einer Schura, die in einem Basar bei Camp Leatherneck in der Provinz Helmand in Afghanistan stattfand (29. September 2011). Es ging darum, Afghanen, die in der Nähe des Camps Land besetzt hatten, dazu zu bewegen, sich in einem sichereren Gebiet weiter nördlich niederzulassen.

86–87 Ein Hundeteam begleitet eine Patrouille der Royal Engineers, die von ihrer Basis im Dorf Nahr e Saraj in der Provinz Helmand aufgebrochen ist, um nach unkonventionellen Spreng- oder Brandvorrichtungen (USBV) zu suchen (21. Juni 2010). Der Blutzoll der britischen Truppen in Afghanistan stieg im Verlauf dieses Tages auf 300 Gefallene.

und länger eingesetzt als die meisten anderen Soldaten. 2011 beschränkte das Heer die Einsätze auf neun Monate, doch die Hundeteams – zahlenmäßig gering, aber äußerst gefragt – werden weiterhin mindestens für die Dauer eines Jahres eingesetzt.

Der Einsatzbeginn ist oft eine recht einsame Angelegenheit. Die Führer werden auf einem fremden Flugplatz abgesetzt – mit 300 Kilo Ausrüstung und einem unter dem Jetlag leidenden Hund. Wenn das Team bei seiner Einheit eintrifft, wird die Sache keineswegs leichter. In der einjährigen Ausbildungs-

zeit, die dem Kampfeinsatz voranging, sind innerhalb der Einheit feste kameradschaftliche Bindungen entstanden. Die Soldaten sind zwar freundlich und zeigen Verständnis, aber ein ihrer Einheit zugeteiltes Hundeteam ist wie ein Fremder, der zu einer Familienfeier geladen wurde, weil er ein Werkzeug besitzt, das die Familie dringend braucht.

»Zugeteilt« ist ein aufschlussreiches Wort. Das Team wird einer Einheit »zugeteilt«, was jedoch

88 Ein Hundeführer der Fox Company, 2nd Batallion, 3rd Marines, hält Rast mit seinem Diensthund Patrick, nachdem sein Zug in einer Patrouillenbasis haltgemacht hat (7. Oktober 2009).

88–89 Kurz vor Beginn der Operation Southern Beast ruhen sich Lance Cpl. Marianne Hay vom Royal Army Veterinary Corps und ihr Sprengstoffspürhund Leanna auf dem Flugplatz von Kandahar aus (3. August 2008).

nicht heißt, dass es Teil dieser Einheit ist. Anders als die übrigen Soldaten können die Neuankömmlinge nicht damit rechnen, dass ihnen bestimmte notwendige Dinge zur Verfügung gestellt werden. Die Einheit bietet dem Hundeführer die Grundversorgung: Essen und Feldbett. Davon abgesehen liegt es an ihm, sich Sachen wie eine Ersatzuniform zu verschaffen oder für den Hund einen klimatisierten Bereich zu bekommen.

Manchmal, wenn das Leben des Hundes auf dem Spiel steht, haben seine Anstrengungen sogar etwas Dramatisches an sich. Ein Lied davon singen kann Sergeant 1st Class Chad Jones. Bo, sein Hund, wurde

90–91 U.S. Army Sgt. Adam Rainville hält seinen Diensthund, während Soldaten der 4th Infantry Division in ihrem Außenposten im Süden Bagdads sich das Football-Match Alabama gegen Arkansas ansehen (20. September 2008). Das Vergnügen war kurz darauf zu Ende, da der Zug zu einem Einsatz ausrücken musste.

91 US-Marineinfanteristen vom 1st Battalion, 5th Regiment, auf einer Rast in Huskers Camp in einem Randbezirk von Marjah im Zentrum der afghanischen Provinz Helmand. Sprengstoffspürhund Buttom bekommt zu trinken (25. Januar 2010).

von Splittern getroffen, als im Mai 2005 im Zwinger
von Abu Ghraib im Irak zwei Panzerabwehrgranaten
einschlugen. Der Beschuss erfolgte während eines
großangelegten Angriffs, mit dem der Gefechtsvor-
posten überrannt werden sollte. Inmitten der Explosionen und im Kugelhagel der Handfeuerwaffen
rannte Jones zum Zwinger zurück. Als er ihn erreicht
hatte, schlug eine weitere Granate ein. Die Explosion
war ohrenbetäubend, dass ein anderer Hundeführer
überzeugt war, Jones liege tot in qualmenden Resten
dessen, was zuvor ein Behelfszwinger war.

Jones lebte, aber sein Malinois war verschwunden. Bo war ein Hund, der auf Schüsse aggressiv
reagierte. Er hatte seine ganze Kraft aufgewandt,
um eine Barriere aus Sperrholz zu durchbrechen.
Das war ihm auch gelungen, allerdings hatte er sich
dabei die Pfoten schwer verletzt. Bo wurde kurz danach entdeckt. Er war nicht mehr in der Lage zu laufen. Ein im Zentrum von Bagdad stationierter Tierarzt des Heeres wies ihn in die nächstgelegene
Triagestation ein. Sobald der 50 Kilo schwere Hund
stabilisiert war, wurde er im Helikopter in ein Lager
in der Grünen Zone gebracht. Der Tierarzt, begleitet von einem Kollegen und zwei Veterinärtechni-
kern, kam ebenfalls, um das Team zu begleiten.
Doch der diensthabende Offizier der Klinik fing Bo
und seine Begleiter in der Notaufnahme ab. Pflicht-
bewusst teilte er ihnen mit, der Hund habe keinen
Zutritt, da er die Anlage »kontaminieren« würde.

Jones hatte dem Feuer und den Explosionen ge-
trotzt, um seinen Hund zu retten, und war nicht bereit, ihn jetzt sterben zu lassen. Staubbedeckt und
mit dem Blut des Hundes beschmiert hielt er dem
Major einen Vortrag über die Bindung zwischen
Hund und Hundeführer. Als die Diskussion lebhaf-
ter wurde, sprang einer der Tierärzte ein. Der
Hauptmann erklärte, Bo werde hier nichts und nie-
manden anstecken. Nur sehr wenige Infekte oder
Zoonosen seien vom Hund auf den Menschen

*92–93 US-Marineinfanteristen vom 1st Battalion,
6th Regiment, mit dem Sprengstoffspürhund Books,
der bei Mardscha in der afghanischen Provinz
Helmand im Einsatz war (25. Januar 2010).*

übertragbar und viele davon würden durch Impfungen entschärft beziehungsweise durch die den Hunden vor ihrem Einsatz verabreichten Antibiotika.

Der Major gab nach, und Bo wurde operiert. Er verblieb einen Monat in der Grünen Zone in einem kleinen Heim für verwundete und genesende Hunde. Nach seiner vollständigen Gesundung fuhren Bo und Jones mit dem ersten Konvoi nach Abu Ghraib, wo sie ihren Dienst und ihre Einsätze wieder aufnahmen.

94–95 und 95 In einer Kampfzone ist es einem US-Soldaten gelungen, seinem Diensthund ein seltenes Duschvergnügen zu bereiten. In Kampfgebieten ist das Wasser oft rationiert, Duschbäder sind eine Seltenheit. Einige Momente unter einem kalten Wasserstrahl sind zwar nicht mit der Fellpflege im Hundesalon vergleichbar, trotzdem waren sie für den Hund eine köstliche Erfrischung.

Jones' unerfreuliche Erfahrungen sind die Ausnahme, nicht die Regel. Die meisten Mediziner werden sich angesichts der Nöte eines verzweifelten Hundeführers entgegenkommend zeigen und alles in ihrer Macht Stehende tun, um dem vierbeinigen Soldaten zu helfen.

In einem Fall wurden ein Diensthund und mehrere Soldaten schwer verletzt, als ein Sprengsatz das Gebäude zum Einsturz brachte, in dem sie sich aufhielten. Ein Rettungshubschrauber brachte alle Verletzten in das Luftwaffenlazarett in Balad, wo Hund und Soldaten Seite an Seite behandelt wurden.

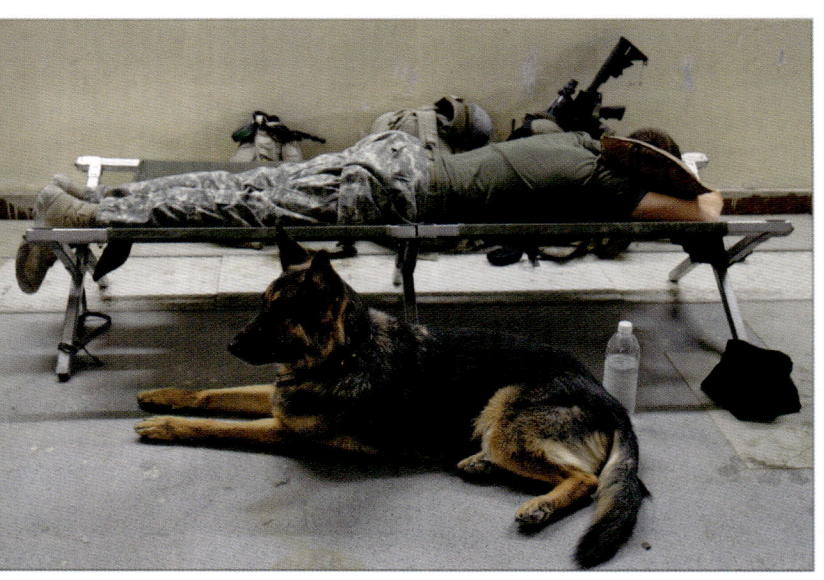

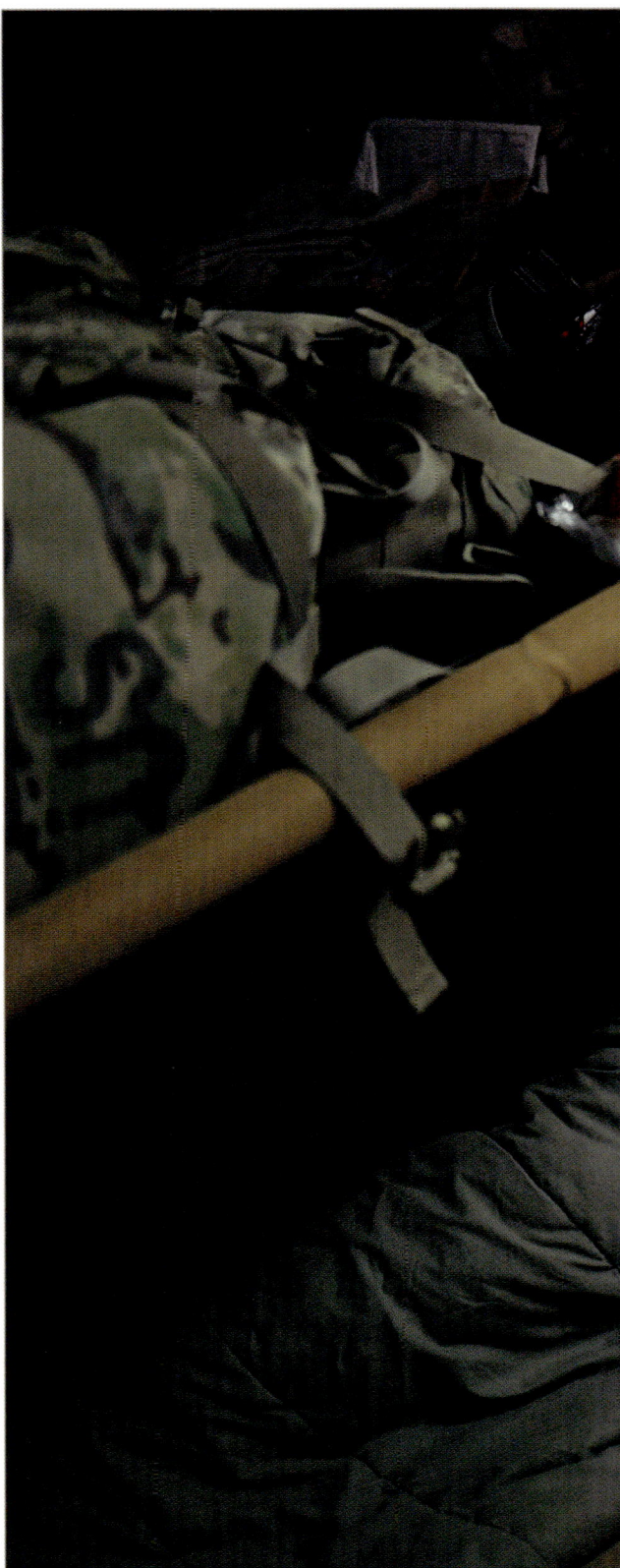

96 Ein US-Soldat vom Second Stryker Cavalry Regiment in der irakischen Provinz Diyala schläft neben seinem Hund auf einer Liege (6. August 2008). Diensthunde bleiben stets neben ihrem Führer.

96–97 U.S. Army Sergeant Nathan Arriaga bei einem Schläfchen mit seinem sechsjährigen Holländischen Schäferhund Zzarr in der Forward Operating Base Walton in Afghanistan (24. Juli 2011). Bald darauf brach das Team zu einer Patrouille im Distrikt Arghandab auf. Ihre ersten Kampfeinsätze hatten Zzarr und sein Führer 2009 im Irak.

Den Hund an seiner Seite zu haben wird oft zum letzten Wunsch des Hundeführers. Lance Corporal William Crouse und sein Hund Cane wurden durch die Explosion einer am Straßenrand versteckten Sprengladung schwer verwundet. Der letzte Wunsch des 22-jährigen Marineinfanteristen war, die Helikopterbesatzung solle seinen verwundeten Hund retten. Cane überlebte nicht. Er war der fünfte Hund der Marineinfanterie, der in Afghanistan durch eine Bombe am Straßenrand getötet wurde. Crouses Beispiel zeigt, warum die einer Einheit zugeteilten Hundeführer Ärzte und Soldaten dazu erziehen,

98–99 und 99 US-Soldaten und ein Militärdiensthund vom 2nd Platoon, Charlie Company, 1–75 Cavalry, 2nd Brigade, 101st Airborne Division, während einer Rast nach einer Patrouille in der Siah-Choi-Zone des Distrikts Zari der Provinz Kandahar im Süden Afghanistans (23. Oktober 2010). Der Distrikt ist der Entstehungsort der Taliban-Bewegung. 2010 war das verlustreichste Jahr der in dieser Region operierenden verbündeten Streitkräfte. Durch Einsätze wie dem erwähnten gelang es, die Situation zu verbessern.

den Hund zu versorgen. Allerdings hat der Hundeführer nie die Garantie, dass medizinische Versorgung im Bedarfsfall geleistet werden kann.

Aus diesem Grund lernen die Führer, alle denkbaren Leiden selbst zu behandeln, von Brüchen und hitzebedingten Krankheiten bis hin zu Brandwunden und Schlangenbissen. Sie wissen sogar, wie man einen Hund künstlich beatmet.

Army Sergeant Sean Wess ist froh, dass ihm eine derartige Zusatzausbildung zuteilwurde. Die Lage

100–101 *Bei einem Einsatz in der irakischen Provinz Diyala leckt ein Sprengstoffspürhund U.S. Army Sgt. Marcus Mayward in einem Militärfahrzeug das Gesicht ab (7. August 2008). Das Team war an einer umfassenden Operation gegen Aufständische beteiligt.*

101 *Hunde und Führer entwickeln während der langen Ausbildung vor ihrem ersten Kampfeinsatz eine starke kameradschaftliche Beziehung. Im eigentlichen Einsatz wird der Hund ein großartiger Freund, Zuhörer und Vertrauter. Nach einem schlimmen Tag hilft ein Schwanzwedeln oder Hundeküsschen ins Gesicht, die Dinge weniger tragisch zu sehen.*

102 Soldaten operieren oft in abgelegenen Gebieten, ebenso Militärdiensthunde. 2011 waren im Irak und in Afghanistan über 1000 Hunde zugleich im Einsatz und erfüllten alle erdenklichen Aufgaben.

war schlimm genug, als im Juni 2011 ein Patrouillengang unversehens in ein Feuergefecht mit Verfolgungsjagd ausartete. Zu allem Überfluss schwoll seinem Hund plötzlich der Unterleib an. Max war ein älterer Holländischer Schäferhund, dem man den Magen nicht fixiert hatte. Er wurde zusehends schwächer, und wenn sein Führer nicht rasch etwas unternahm, musste Max sterben.

Unter feindlichem Beschuss verminderte Wess den Druck im Magen seines Hundes, indem er ihm eine Röhre in die Brusthöhle einführte. Das Verfahren ist mit einem Luftröhrenschnitt vergleichbar, nur ist die Strömungsrichtung umgekehrt. Es reichte aus, um Max zu stabilisieren. Eine Luftrettungsaktion wurde angefordert und Max überlebte, um tags darauf wieder seinen Dienst anzutreten.

Einen verwundeten Hund ausfliegen zu lassen ist nicht allzu schwierig. Will man aber Hundefutter

einfliegen lassen, so ist dafür in einem mit Kampfausrüstung vollgepackten Flugzeug kaum Platz. Befindet man sich im Rahmen einer 40-Tage-Operation irgendwo in der Einöde, hat man keine Chance.

Sergeant 1st Class William Webster lernte 2005 zu improvisieren, als er mit seinem Patrouillen-Sprengstoffspürhund Lucky mit der 82nd Airborne Division in Afghanistan im Einsatz war. Webster nahm stets so viel Futter wie möglich mit sowie 20 Dollar für Notfälle. Bei Einheimischen konnte er für zwei Dollar fünf Hühner erstehen, für zehn Dollar einen Sack mit 10 kg Reis. So kam Lucky einige Tage über die Runden.

Futter zu finden kann ein Problem sein, an Wasser zu kommen ein Kampf. Die Rationierung von Wasser ist in Afghanistan und im Irak nichts Ungewöhnliches. Die Vorräte werden oft knapp, besonders dann, wenn die Wassertanker in einen Hinterhalt geraten sind. In diesem Fall bekommen die Soldaten eine oder zwei Flaschen Wasser pro Tag. Wenn es im Juli und August brüllend heiß ist und der Soldat pro Stunde einen Liter Flüssigkeit durch Schwitzen verliert, wird Wasser zu einem kostbaren Gut, das die Versorgungsfeldwebel nicht immer gerne mit Hunden teilen.

Die meisten Offiziere sind darauf bedacht, das Hundeteam so viel wie möglich einzusetzen. Einige aber empfinden das Team nur als Bürde, die Arbeit macht, die man ernähren und unterbringen muss. Manche junge Offiziere lassen sich auch nicht gern von einem Hundeführer darüber belehren, wann der Einsatz des Hundeteams zweckmäßig ist. Jones erinnert sich an einen Fall im Irak, als der Hauptmann, dem er zugeteilt war, seinen Soldaten befahl, Fahrzeuge nach Sprengstoff zu durchsuchen. Der Zwingerkommandant aus Fort Belvoir erklärte ihm, dass sein Hund die Sache zehnmal so gut und schnell erledigen würde. Die Antwort des Hauptmanns lautete: »Vielen Dank, wenn ich euch brauche, um jemanden zu beißen, lasse ich euch holen.« Derartige Fälle sind bedauerlich, aber sie stärken auch die Bindung zwischen Hund und Führer. Militärhunde sind großartige Freunde, Zuhörer, Vertraute. Und nach einem schlimmen Tag hilft ein Schwanzwedeln oder Hundeküsschen ins Gesicht, die Dinge etwas weniger tragisch zu sehen.

Unvermeidlicherweise kommt irgendwann der Moment, in dem das Team zeigen kann, was in ihm steckt, der Moment, in dem jeder Kommandeur den Wert des Hundes erkennt. Für Army Sergeant Chris Bond kam der Moment, nachdem er sich freiwillig für eine Fußpatrouille bei einer Einheit der 4th Infantry Division gemeldet hatte. Es war im Winter 2008. Die Einheit sicherte das Gebiet um die umkämpfte Joint Security Station Sadr City in einem Vorort von Bagdad am östlichen Tigrisufer. Bond, ursprünglich in der Mitte der Formation marschierend, überzeugte den wohlmeinenden Sergeant des Zuges davon, ihn an die Spitze der Patrouille zu setzen. Anfangs lief die Sache nicht nach Wunsch. Bonds Deutscher Schäferhund Dak bekam Durchfall und verließ alle

paar Minuten die Straße, um sein Bedürfnis zu verrichten. Das ständige Anhalten ärgerte den Hundeführer. Als Dak jedoch zum fünften Mal die Straße verließ, lief er geradewegs zu einem Abfallhaufen und schlug an. Unter dem Müll war eine Styroporkiste mit hervorstehenden Drähten verborgen. Es handelte sich um eine panzerbrechende projektilbildende Ladung.

Manche kommen jedoch erst durch schmerzhafte Erfahrungen zur Einsicht. Webster kann ein Lied davon singen. Eines Tages erhielt er den Befehl, mit Lucky eine Berghöhle an der Grenze zu Pakistan zu durchsuchen. Kurz zuvor war er einer neuen Einheit zugeteilt worden. Sie drangen so tief in die Höhle ein, dass Webster und Lucky in der engen Spalte kaum noch weiterkriechen konnten. Webster beschloss umzukehren und die Höhle zu verlassen. Als sie sich durch die Dunkelheit tasteten, zeigte Lucky plötzlich Interesse. Webster legte ihm die Hand auf den Kopf und spürte, dass er die Ohren aufstellte. Irgendjemand musste hinter ihnen in die Höhle eingedrungen sein. Webster rief eine Warnung, dann ließ er Lucky mit einem nachdrücklichen »Fass!« von der Leine. Gleich darauf hörten Webster und zwei ihm als Begleitschutz zugeteilte Soldaten das Geräusch zerreißender Kleidung, während jemand in deutlichem und mit Flüchen gespicktem Englisch schrie, er solle doch seinen Hund zurückrufen.

»Aus! Fuß!«, brüllte Webster in die Dunkelheit. Er kam zu dem Schluss, dass das Gebiet sicher war, und forderte »weißes Licht« an, um die Situation zu klären. Vor ihm tauchte der Kompaniechef auf. Er hatte das Team über sein Kommen nicht informiert, nun sah er etwas ramponiert aus. Lucky starrte den Offizier unentwegt an, bereit, ihn bei der geringsten Bewegung abermals anzuspringen.

Webster entschuldigte sich zwar, aber es war der Hauptmann, der einen Fehler gemacht hatte. Zugleich hatte er eine Waffe kennengelernt, die er noch viele Male einsetzen sollte.

Es sind solche Momente, die dafür sorgen, dass Hundeteams nicht gerne hinten bei der Ausrüstung zurückbleiben. Diese Einstellung zeigt sich deutlich

anhand des hohen Preises, den die Teams bezahlen. Über die Hälfte der Gefallenen der Alliierten fanden durch unkonventionelle Spreng- oder Brandvorrichtungen (USBV) den Tod. Bis September 2011 starben dadurch in Afghanistan 789 Soldaten, weitere 8717 erlitten Verwundungen. Im gleichen Zeitraum wurden im Irak 2225 Soldaten getötet und 21 727 verwundet. Im Juni und Juli 2011 kam es im Afghanistankrieg zur höchsten Zahl von Sprengstoffanschlägen, im August war ein leichter Rückgang zu verzeichnen. Verglichen mit den gleichen drei Monaten des Vorjahres handelte es sich um eine Steigerung von 26 Prozent und einen monatlichen Durchschnitt von fast 1700 Anschlägen. Die Zahl der Sprengstoffanschläge gegen abgesessene Infanterie stieg im glei-

chen Zeitraum um 92 Prozent. Die Joint Improvised Explosive Device Defeat Organization, kurz JIED-DO, hat 16,6 Milliarden Dollar ausgegeben, um diese Waffe wirksam zu bekämpfen. Sie hat jede denkbare Technik getestet, aber die Aufständischen sind immer einen Schritt voraus. So kommt es, dass die Erfolgsrate bei der Entdeckung von improvisierten Sprengfallen und Selbstmordkommandos seit Beginn des Kriegs gegen den Terror bei etwa 50 Prozent stagniert. Spürhunde sind die einzige Waffe, der die Bombenleger nichts entgegensetzen können. Wenn Hunde im Einsatz sind, steigt die Aufspürrate auf sage und schreibe 80 Prozent.

Der mittlerweile verabschiedete General David Petraeus erklärte dazu: »Die Fähigkeiten, die Mili-

104 Ein Hundeführer der US-Armee teilt seinen Wasservorrat mit seinem Hund (Muqdadiyah, Irak). Selbst die elementarsten Dinge sind im Einsatz oft schwer zu bekommen.

105 Ein Hundeführer der US Army gibt seinem Hund beim Einsatz in Saqlawiyah zu trinken (18. Juni 2007).

106–107 U.S. Army Sgt. Joshua Smith spendet seinem Diensthund Blacky Wasser.

108–109 Der Hundeführer einer Kampfpatrouille und sein Diensthund bei der
Durchquerung eines Flussbetts.

tärdiensthunde im Kampf unter Beweis stellen, zeigen deutlich, dass sie nicht durch Menschen oder Maschinen ersetzt werden können. Alle Leistungsmessungen haben ergeben, dass sie sämtlichen anderen verfügbaren Mitteln überlegen sind. Für unsere Streitkräfte wäre es ein schweres Versäumnis, nicht weiter in diese unglaubliche Ressource zu investieren.«

Petraeus war 2008–2010 Befehlshaber des United States Central Command, das die militärischen Anstrengungen in zwanzig Ländern überwacht, darunter Irak, Iran, Afghanistan, Pakistan und Ägypten. Nachdem er 2011 aus der Armee verabschiedet worden war, übernahm er die Leitung der CIA.

Heute basieren in Afghanistan drei von vier improvisierten Sprengvorrichtungen in erster Linie auf selbstgefertigten, aus Kunstdünger hergestellten Sprengstoffen. JIEDDO und die Militärhundezwin-

110–111 *U.S. Air Force Sgt. Matthew Templet von der 627th Security Forces Squadron der Joint Base Lewis-McChord, Washington ermutigt seinen Hund Basco (28. Dezember 2010). Der Patrouillen-Sprengstoffspürhund hatte die Aufgabe, in einem verlassenen Haus im Distrikt Zari in der Provinz Kandahar einen dunklen Tunnel auf Sprengstoff abzusuchen.*

112–113 Dazz wird zum Aufspüren einer potenziellen USBV vorbereitet. Es handelt sich um eine Übung mit seinem Führer Cpl. Tony Bryson vom Royal Veterinary Corps, die auf dem Hundeübungsgelände von Camp Bastion in der afghanischen Provinz Helmand stattfand.

ger schicken die Hunde deshalb an Orte wie das CIA-Gelände für Sonderaufträge, wo sie lernen, sehr geringe Mengen häufig verwendeter Sprengmittel wie Ammoniumnitrat, Kaliumchlorat und Harnstoffnitrat aufzuspüren.

Es gibt allerdings einen Aspekt, der sämtliche vom Feind verwendeten Kampfmittel an Gefährlichkeit übertrifft. Es ist die Nachlässigkeit, die entsteht, wenn diese Einsätze für die USBV-Jäger zur Routine werden. »Beim ersten Alarm wird einem klar, dass es zur Sache geht«, sagte der Army Sergeant John Hawkings, der mit seinem Patrouillen-Sprengstoffspürhund Whiskey 2010 und 2011 in der afghanischen Provinz Kandahar im Einsatz war »Man fühlt sich wie im Zeitraffer. Man spürt, wie einem das Herz pocht. Man spürt jeden einzelnen Schweißtropfen herunterrinnen, über die Stirn, die Arme, den Rücken.«

Hawkings führte mit seinem Hund täglich mehrere Einsätze durch, unter anderem im Argonautental, in Maiwand und Zhari. Seinen Aussagen nach wird die Suche nach unkonventionellen Sprengvorrichtungen rasch zur Routine. Wenn man nicht auf der Hut sei, »führt die Routine in den Tod«.

Die Suche nach Sprengfallen ist nicht die einzige gefährliche Aufgabe, die Militärdiensthunde leisten müssen. Die Hundeteams helfen, Gebäude und Fahrzeuge zu durchsuchen, sie sorgen an den gefährlichsten Orten der Welt für Sicherheit und sie säubern Regierungsgebäude für das Gastland. Die Teams sind derart effizient, dass schon die Präsenz von Hunden allein eine beachtliche Wirkung haben kann – selbst wenn mit ihnen nur geblufft wird.

2010 wurde Maj. Gen. Robert Brown Befehlshaber des Maneuver Center of Excellence in Fort Benning in Georgia. 2007 hatte er Einheiten in und um Mosul im Irak befehligt. Zahllose Wege und Straßen ermöglichten dem Feind den Zugang zu der 2,5-Millionen-Stadt. Brown machte die Türen zu und legte zwölf schwieri-

114–115 Hundeführer Staff Sgt. Justin Schwartz von der US-Luftwaffe ersteigt hinter seinem Sprengstoffspürhund Bleck einen Berghang in der afghanischen Provinz Paktika (14. Oktober 2009).

ge Zugänge mit bemannten Kontrollpunkten an. Er wusste, dass die Terroristen Angst vor Hunden hatten, aber er hatte nicht genug Hunde. Brown kontaktierte einen Freund im türkischen Konsulat, der ihm einige Deutsche Schäferhunde schickte. Sie waren nicht als Militärdiensthunde ausgebildet, aber das konnte der Feind nicht wissen.

»Sie sahen diese Hunde am Checkpoint herumstehen und drehten wieder um«, sagte Brown. »Der bloße Anblick sich nähernder Hunde bewirkte, dass Leute ihre Aktionen abbrachen ... Die Hundeteams haben hunderten meiner Soldaten das Leben gerettet. Wir setzten sie bei jeder nur möglichen Operation intensiv ein. Ich bin überzeugt, dass wir sie in den kommenden Jahren in noch größerem Ausmaß einsetzen werden. Sie sind Helden, von denen niemand spricht.«

Kommandeure wie Brown verlassen sich auf Hundeteams zum Aufspüren geheimer Waffen- und Munitionslager. Vom Juni bis August 2011 wurden in Afghanistan 1162 Verstecke gefunden, eine Steigerung von 83 Prozent gegenüber dem gleichen Zeitraum des Jahres 2010. Die Teams helfen auch bei Razzien in Dörfern, wenn Geheimdienstberichte darauf hinweisen, dass die Taliban versuchen, im Dorf einzusickern oder die Bewohner unter Druck zu setzen. Darüber hinaus helfen sie bei der Begleitung von Sonderkommandos, die Türen einrennen, um Kommandeure der Aufständischen festzunehmen. Manchmal gelingt es dem Gesuchten, im letzten Moment zu entkommen und wegzulaufen. Aber er kommt nie sehr weit.

Auch die Bewachung Gefangener ist eine wichtige Aufgabe. Army Sergeant Carey Ford und sein Hund Rex leisteten gute Arbeit. Am 13. April 2003 befriedete das Duo einen Aufruhr in Camp Bucca im Irak. Nachdem ein irakischer Häftling einem Aufseher den Pistolengürtel und persönliche Objekte ge-

116 oben Ein Militärdiensthund der US-Armee sucht nach unkonventionellen Sprengsätzen, während die Soldaten in sicherer Entfernung bleiben. Auf das Konto von USBV gehen über die Hälfte der gefallenen Soldaten – und Hunde – der alliierten Streitkräfte.

116 unten U.S. Air Force Senior Airman Stephen Hanks von der 447th Expeditionary Security Forces Squadron und sein Patrouillen-Sprengstoffspürhund Geri blicken bei der Überprüfung eines verlassenen Gebäudes in der Sather Air Base in Bagdad im Irak durch ein Fenster (11. Dezember 2011). Hanks und Geri von der Patrick Air Force Base in Florida wurden im Rahmen der Operation New Dawn zur Verhinderung von Anschlägen abkommandiert.

118–119 U.S. Air Force Sgt. Matthew Templet und sein Patrouillen-Sprengstoffspürhund Basco durchsuchen ein verlassenes Haus im Dorf Haji Ghaffar im Distrikt Zari der Provinz Kandahar (27. Dezember 2010).

stohlen hatte, standen 600 Gefangene in drohender Haltung zwischen der Wachmannschaft und dem Dieb. Furchtlos und unbewaffnet begab sich Ford mit Rex in das Lager. Bei seinem Erscheinen teilte sich die aufrührerische Menge wie einst das Rote Meer. Durch den auf diese Weise entstandenen Korridor konnte ein herbeigeeiltes Eingreifkommando den Dieb festsetzen und ihm die gestohlenen Objekte wieder abnehmen.

Nicht alle Interventionen mit Diensthunden haben einen so glücklichen Ausgang. Army Sergeant Santos Cardona wurde im Juni 2006 zu 90 Tagen Zwangsarbeit verurteilt und zum Stabsgefreiten degradiert. Außerdem wurde er verurteilt, ein Jahr lang monatlich 600 Dollar wegen Verletzung der Dienstpflicht und schweren Übergriffs gegen Insassen des Gefängnisses Abu Ghraib zu bezahlen. Die Pflichtverletzung bestand darin, dass er es versäumt hatte, seinen Diensthund vorschriftsmäßig einzusetzen. Der Anklagepunkt schwerer Übergriff bezog sich darauf, dass er einem Häftling mit dem Einsatz von Mitteln gedroht hatte, »die wahrscheinlich zum Tod oder schweren Körperverletzungen geführt hätten«.

Wie weitere in diesen schändlichen Skandal verwickelte Angeklagte sagte auch er aus, er habe lediglich die Befehle von Geheimdienstleuten des Militärs und der CIA befolgt, die den Auftrag erteilt hatten, die Häftlinge mürbe zu machen. Diese Aussagen haben zwar nicht zu Anklagen geführt, aus entsprechenden Unterlagen geht allerdings hervor, dass die Hundeführer sich durchaus auf Anweisungen Vorgesetzter berufen konnten. So erließ Generalleutnant Ricardo Sanchez, der Befehlshaber der Bodentruppen im Irak, am 14. September 2003 das Vernehmungsverfahren des 1. Kombinierten Gemeinsamen Einsatzverbands. Es erlaubte Vernehmungsoffizieren, Gefangene in unangenehmen Positionen zu fesseln, die Manipulation ihrer Umgebung, Schlafentzug und Einschüchterung durch Hunde. Heute dürfen Militärdiensthunde nicht dazu benutzt werden, Gefangene bei Verhören einzuschüchtern, zu bedrohen oder zu etwas zu zwingen.

Im Scharfen Einsatz haben die Kommandeure die unschätzbaren Fähigkeiten der Hunde erkannt, und wenige wissen das besser als Colonel Walter Piatt. Der Infanterieoffizier des Heeres hat vier Einsätze im Irak und in Afghanistan hinter sich. Er war Bataillonskommandeur, Divisionsoffizier und Kommandeur einer Kampfbrigade.

»Man weiß, was im Gefecht von Nutzen ist, weil die Soldaten in den Einheiten danach verlangen«, erklärte er. »Militärdiensthunde sind und waren immer das, was am meisten angefordert wird. Wir haben nie genug davon gehabt. Wir können ihnen nicht dankbar genug sein.«

Das Verteidigungsministerium hat sich bemüht, die Zahl dieser begehrten Kämpfer durch eine Anzahl von Programmen zu erhöhen. Zwei der erfolgreichsten sind die Taktischen Sprengstoffspürhunde des Heeres und die USBV-Hunde der Marineinfanterie. Beide Programme wurden 2009 ins Leben gerufen und sind bis 2014 finanziert. Sie nehmen Soldaten und Marineinfanteristen aus zum Einsatz abkommandierten Einheiten und bilden sie in acht Wochen zum Hundeführer aus. Sie bekommen erprobte Spezialisierte Spürhunde zugeteilt, bei denen keinerlei Angriffs- oder Gehorsamstraining erforderlich ist. Auf diese Weise verfügt jedes Bataillon über zwölf bis zwanzig Hunde, die unkonventionelle Sprengvorrichtungen oder andere Sprengsätze aufspüren können. Großbritannien unterhält in Afghanistan ein ähnliches Programm.

Derart ausgebildete Soldaten sind nicht die einzige Ressource, auf die in den letzten Jahren zurückgegriffen wurde. Ein weiterer erfolgreicher Ansatz sind hunderte von zivilen Hundeteams, die seit 2005 zum Aufspüren von Sprengstoff aufgestellt wurden. Auf dem Höhepunkt des Irakkriegs waren 700 solcher Teams im Einsatz. Dieses Geschäft ist sehr einträglich, wie man zahllosen gerichtlichen Auseinandersetzungen und amtlichen Beschwerden gegen zivile Vertragspartner entnehmen kann. Wenn Unternehmen wie American K9 oder EOD Technology nicht gerade die Gerichte beschäftigen, stören sie wirkungsvoll feindliche Aktivitäten.

Unter Vertrag stehende Hundeteams sind von offensiven Operationen ausgeschlossen. Die meisten davon werden zum Aufspüren von Sprengstoff an Kontrollpunkten und in wichtigen Einrichtungen eingesetzt. Normalerweise verwenden sie dieselben Hunderassen, die auch die Militärdiensthundeteams einsetzen. Ihre Hundeführer müssen in der Regel Erfahrung im Militär- oder Polizeidienst nachweisen können.

Über die genaue Zahl und Art der im Einsatz befindlichen Hundeteams lässt sich nur spekulieren. Zahlreiche Nationen leisten ihren Beitrag, und viele Einsätze sind geheim. Die Vielfalt der Militärdiensthundeeinheiten wird in der Erklärung ersichtlich, die US-Heeresminister John McHugh am 18. Mai 2011 vor dem Senat abgab. Zu dieser Zeit waren an beiden Fronten fast 1000 Diensthundeteams im Einsatz, aber nur 181 Sprengstoffspürhunde gehörten dem Heer: Sieben davon befanden sich im Irak, der Rest in Afghanistan. Die Hinzuziehung dieser und weiterer Sprengstoffspürhundestaffeln haben es jedenfalls ermöglicht, dass erfahrene Militärdiensthundeteams weiterhin Spezialeinsatzkräfte bei zunehmend gefährlicheren Aufgaben unterstützen konnten.

Militärdiensthundeteams werden normalerweise nicht Sondereinsatzgruppen wie SEAL Team Six oder Delta Force zugeteilt. Diese Einheiten haben ihre eigenen Hundeführer und Hundeprogramme, so auch das 75th Ranger Regiment. Die Diensthunde von SEAL Team Six wurden 2011 aus den besten Gründen bekannt … und auch den schlimmsten. Cairo, ein Belgischer Malinois, bleibt der einzige namentlich bekannte Angehörige des Kommandos, das am 1. Mai 2011 Osama bin Laden ausfindig machte und tötete. Drei Monate später starben ein Belgischer Malinois namens Bart und sein Führer, Master at Arms First Class John Douangdara, als die Taliban einen Chinook-Helikopter abschossen, der 30 Soldaten transportierte, darunter zahlreiche Angehörige des SEAL Team Six. Es war dies die größte Zahl von US-Soldaten, die in Afghanistan an einem einzigen Tag getötet wurden.

Militärdiensthunde werden auch bei anderen Spezialeinheiten intensiv eingesetzt, so den Green Berets, weiteren SEAL-Teams und dem Marine Spe-

cial Operations Command. Geheimoperationen von Kommandohunden sind nichts Neues. Das 2nd Marine Raider Regiment setzte im Zweiten Weltkrieg bei der Invasion von Bougainville Diensthunde ein. Im Mai 1964 wurden Hundeteams für Fernaufklärungspatrouillen eingesetzt, und SEAL Team Two Rinnie und Silver operierte in Vietnam. Einer davon verdiente sich später das Springerabzeichen, indem er mit Quartermaster Third Class Dewayne Schalengerg fünfmal mit dem Fallschirm absprang.

Hundeteams, die an Operationen der Combined Joint Special Operations Task Force teilnehmen, wissen, dass sie zur Speerspitze der Armee gehören. Diese Teams müssen nicht sämtliche Inspektionen, Paraden und sonstigen Verpflichtungen über sich er-

gehen lassen, mit denen Einheiten des Heeres konfrontiert sind. Sie befinden sich entweder im Kampfeinsatz oder bereiten sich auf den nächsten vor. Sie operieren unter extrem gefährlichen und schwierigen Bedingungen. Ihre Fähigkeiten müssen bis zur Perfektion entwickelt und jederzeit abrufbar sein.

Die meisten Sondereinsatzeinheiten benutzen Militärdiensthunde nicht für Angriffszwecke. Die Tiere werden vielmehr zum Aufspüren von Sprengstoff und als zusätzliche Sicherung eingesetzt. Ein Angehöriger einer Spezialeinheit erklärte, er verfüge zwar über eine erstklassige Ausbildung und Ausrüstung, die es ihm ermöglichen, Feinde zu stellen und unschädlich zu machen, aber er brauche den Hund, um Sprengsätze zu finden, die er nicht sehen könne.

120 U.S. Air Force Senior Airman Stephen Hanks und sein Patrouillen-Sprengstoffspürhund Geri durchsuchen ein verlassenes Gebäude in Bagdad im Irak nach Sprengstoff und illegalen Bewohrern (11. Dezember 2011).

121 Gründliches Absuchen von Gebäuden und Straßen ist unerlässslich für die Bekämpfung eines Feindes, der ständig Fortschritte macht. Heute bestehen in Afghanistan die Hauptladungen von drei von vier Bomben aus selbstgefertigten, auf Düngemitteln basierenden Sprengstoffen. Hunde, die darauf abgerichtet waren, militärische Sprengstoffe aufzuspüren, mussten erst lernen, winzige Mengen von aus Ammoniumnitrat, Kaliumchlorat und Harnstoffnitrat hergestellten Sprengstoffen zu erschnüffeln.

Das Training, das die Hundeteams als Vorbereitung für diese Einsätze absolvieren, würde selbst schwer Adrenalinsüchtige zufriedenstellen. Auch Absprünge aus einem tief fliegenden Helikopter in ein Gewässer gehören dazu. Die Hundeführer müssen sich viele Male aus dem Hubschrauber abseilen. Sie lernen auch eine spezielle Anseil- und Rettungstechnik, mit der Soldaten an ein Seil gebunden und vom Helikopter ausgeflogen werden. Sie werden dabei nicht an Bord gehievt, sondern hängen frei am Seil.

Natürlich wäre ein solches Training nicht komplett ohne einen Absprung aus einem richtigen Flugzeug. Die regelmäßigen Massenabsprünge aus 250 m Höhe sind schon ein guter Anfang, aber manche Dienst-hundeteams haben ehrgeizigere Ziele. Zu diesen gehören auch Army Master Sgt. Chris Lalonde und sein Malinois Fasco. Das Duo sprang im September 2009 aus 3800 m Höhe ab. Der sicher in einer Kampfjacke verpackte Hund habe ruhig, aber aufmerksam die anderen Springer im Blick behalten, wenn sie sich ihm näherten.

Leider sind solche Leistungen nicht die einzigen Erinnerungen aus dem Krieg gegen den Terror. Wie viele Soldaten leiden auch manche Hunde unter posttraumatischen Belastungsstörungen. Diese machen aus einem tapferen Militärdiensthund ein verängstigtes Tier, das möglicherweise nie wieder zum Einsatz kommen kann.

122 und 123 Angehörige der indonesischen Elitestreitkräfte (Kopasus) seilen sich auf einer Antiterror-Übung in Djakarta mit ihren spezialisierten Spürhunden aus Helikoptern ab (20. Oktober 2003).

124–125 U.S. Air Force Staff Sgt. Philip Mendoza streichelt in einem Helikopter seinen Diensthund Rico.

126–127 US-Marineinfanteristen und Diensthunde des 2nd Battalion 8th Marine Regiment der 2nd Marine Expeditionary Brigade warten auf ihren Abtransport durch Helikopter (2. Juli 2009). Die Soldaten nahmen an der von Camp Dwyer in der afghanischen Provinz Helmand ausgehenden Operation Khanjar teil.

Es lässt sich nicht leugnen, dass posttraumatische Belastungsstörungen eine verbreitete Erkrankung sind. Schätzungsweise 20 Prozent der Veteranen der Operationen Enduring Freedom und Iraqi Freedom litten unter PTBS. Die finanziellen Mittel der Veterans' Administration für universitäre PTBS-Forschung stiegen von 9,9 Millionen Dollar im Haushaltsjahr 2005 auf 24,5 Millionen Dollar im Finanzjahr 2009.

Es ist schwierig zu erklären, warum manche Militärdiensthunde am PTBS leiden und andere nicht.

128–129 und 129 U.S. Army Master Sgt. Chris Lalonde und Fasco springen im September 2009 aus 3800 m Höhe über Fort Leonard Wood in Missouri ab. Der Absprung erfolgte unter Mitwirkung des Skydiving-Teams der 101st Airborne Division. Lalonde ist unter den Hundeführern eine Legende. Nach 20 beispielhaften Dienstjahren und acht Kampfeinsätzen, die ihm drei Bronze Stars einbrachten, hat er die besten Chancen, als erster Hundeführer in der Geschichte der US-Armee zum Sergeant Major befördert zu werden.

Genau wie bei den Soldaten, mit denen sie ihren Dienst versehen, handelt es sich bei ihnen um Individuen mit eigener Persönlichkeitsstruktur.

Das offensichtliche Ansteigen der PTBS-Symptome unter Spezialisierten Spürhunden führt zunehmend zu Diskussionen unter den Hundeführern. Das Verteidigungsministerium hat keine Daten zur Widerlegung oder Bestätigung dieser Behauptung geliefert,

130–131 Nach kurzer Rast (links) auf dem Flugplatz Hurlburt Field in Florida wird ein Militärdiensthund im Rahmen einer Übung Emerald Warrior zu einem startbereiten Helikopter geführt. Emerald Warrior ist eine zweiwöchige kombinierte taktische Übung, die alljährlich stattfindet und von U.S. Special Operations Command gesponsert wird. Sie hat den Zweck, bei den Operationen Iraqi und Enduring Freedom gemachte Erfahrungen zu nutzen, um den Kommandeuren gut ausgebildete und kampfbereite Einheiten zur Verfügung zu stellen.

aber Dutzende von Hundeführern haben erklärt, dass sie das Problem zumeist bei Spezialisierten Spürhunden beobachten – und den Grund zu kennen meinen.

Spezialisierte Spürhunde werden nicht aufs Zubeißen abgerichtet, sondern ausschließlich auf das Auffinden von Sprengstoff. Patrouillen-Sprengstoffspürhunde werden darauf abgerichtet, Sprengstoff zu

äußert sich PTBS bei Hunden auf verschiedene Weise. Einige werden anhänglich und hilfsbedürftig, andere abweisend und scheu, wieder andere aggressiv.

Ein verbreitetes Symptom ist Hypervigilanz oder das Streben, sich von Orten zu entfernen oder sie zu meiden, an denen sie sich früher wohl fühlten. Bei Gypsy, einer Patrouillen-Sprengstoffspürhündin aus

finden und werden, wie Spezialisierte Spürhunde, dafür belohnt. Sie werden aber auch darauf trainiert, auf Kommando anzugreifen und zuzubeißen, was den Hundeführern zufolge hilft, Stress und aufgestaute Aggressionen abzubauen. Ein Spezialisierter Spürhund hingegen hat die gleichen Gefühle, aber nicht die Möglichkeit, sie abzureagieren. Das Resultat, so die Hundeführer, sei eine erhöhte Anfälligkeit für PTBS. Genau wie bei ihren menschlichen Kameraden

Fort Belvoir in Virginia, traten diese Symptome erstmals 2011 auf. Die einer Einheit für Spezialoperationen zugeteilte Hündin spürte einen Sprengsatz auf. Als das Team aktiv wurde, löste ein feindlicher Soldat mit einem Sprengdraht eine Sekundärexplosion aus. Gypsy wurde nicht ernsthaft verletzt, brachte jedoch diese Explosion mit ihrem Fund in Verbindung. Sie schien bei weiteren Funden stets eine zweite Explosion zu erwarten und lief um die Fund-

132 U.S. Air Force Staff Sgt. Manny Garcia und sein Diensthund Jimmy gehen in der Nähe der Forward Operation Base Normandy in der irakischen Provinz Diyala an Bord eines Hubschraubers (28. Februar 2006).

133 U.S. Navy Master-at-Arms 2nd Class Robert Pennington von der Task Force Military Police, 3rd Battalion, 3rd Marine Regiment, sitzt mit seinem Diensthund in einem Helikopter (Ch-53E Super Stallion).

stelle herum, statt sich davor hinzusetzen, wie man es ihr beigebracht hatte.

Jofa, ein anderer Patrouillen-Sprengstoffhund, wies die gleichen Symptome auf. Seine Führerin, Army Sgt. Zainah Creamer, hatte am 12. Januar 2011 bei einer Explosion den Tod gefunden. Das Team war zum Absuchen von Straßen und Gebäuden in der afghani-

Fremden den Schwanz einziehen oder sich sogar zum Zeichen der Unterwerfung auf den Rücken legen.

Sobald der Führer irgendeine Veränderung im Verhalten seines Hundes bemerkt, wird er ihn zum Veterinär bringen, der wiederum die verschiedensten Methoden empfehlen kann. Er kann das Tier unter Beobachtung stellen lassen oder ihm Revierdienst

schen Provinz Kandahar eingesetzt. Zwingerkommandant Sgt. 1st Class Chad Jones sagte, Jofa sei »einfach nicht mehr wie vorher« gewesen, als er zurückkam. Sämtliche Hundeführer halfen zusammen, und nach einiger Zeit erlangte Jofa mithilfe von Training und Zärtlichkeiten seine alten Fähigkeiten und ist jetzt wieder im Einsatz. Andere Hunde zeigen ein völlig neues Verhalten. Ein ursprünglich aggressives Tier kann nun verängstigt reagieren. Ein solcher Hund wird beim Näherkommen eines

verordnen, damit es eine Zeitlang einfach Hund sein darf, keine Arbeit leisten und keine Befehle befolgen muss. Manche Hunde sind derart deprimiert, dass sie mit Antidepressiva oder angstlösenden Medikamenten behandelt werden müssen.

Hunde, die nicht mehr diensttauglich sind, werden in die Heimat zurückgeschickt. Legen sie dort ihre Verhaltensstörungen noch immer nicht ab, so kommen sie wahrscheinlich zu Dr. Walter Burghardt in Behandlung. Er ist Leiter der Abteilung Verhaltensmedizin für Militärdiensthunde am Deniel E. Holland Military Working Dog Hospital im Luftwaffenstützpunkt Lackland in Texas. Dr. Burghardt ist der einzige Spezialist des Verteidigungsministeriums für tierische Verhaltensweisen. Burghardt und seine Kollegen behandeln jedes Jahr dutzende Fälle mit Medikamenten, Therapien oder einer Kombination von beiden. Die

Therapie besteht aus Behandlungen wie Desensibilisierung und Gegenkonditionierung. Von vier auf diese Weise behandelten Hunden kann einer wieder den Dienst aufnehmen, der zweite wird für eine andere Aufgabe herangezogen, der dritte in den Ruhestand versetzt und adoptiert. Der vierte erhält eine Therapie, die bis zu sechs Monaten dauert.

134 Ein dem 4th Battalion, 10th Special Forces Group, zugeteilter US-Soldat ist im Begriff, sich unweit des Tallahassee Regional Airport in Florida aus einem CH-47-Chinook-Helikopter abzuseilen (2. März 2011). Er nimmt mit seinem Hund an Emerald Warrior teil, einer zweiwöchigen kombinierten taktischen Übung, die alljährlich stattfindet und vom U.S. Special Operations Command gesponsert wird.

135 Britische Soldaten sind mit Springerspaniel Tony, einem achtjährigen Sprengstoffspürhund, in Mus Qala in der afghanischen Provinz Helmand gelandet (23. März 2006). Die britischen Truppen hatten den Auftrag, die Sicherheit in dieser Provinz wiederherzustellen, in der die Taliban einen Großteil der ländlichen Gebiete kontrollierten und sich durch den Mohnhandel finanzierten.

136–137 Bei einer Adoptionsfeier auf der Lackland Air Force Base in Texas drückt der zwölfjährige Brady Rusk den Labrador Retriever Eli an sich (3. Februar 2011). Eli war der Diensthund von Bradys älterem Bruder Colton Rusk, den Heckenschützen der Taliban am 5. Dezember in Afghanistan erschossen hatten.

Bis 30. Oktober 2011 haben 17 amerikanische Hundeführer in Ausübung ihres Dienstes den Tod gefunden. Von ein paar dieser Verluste soll hier berichtet werden:

Marine Sgt. Adam Cann, 23 Jahre. Cann wurde am 5. Januar 2006 der erste Hundeführer, der seit dem Vietnamkrieg in Ausübung des Dienstes das Leben verlor. Er traf auf einen Selbstmordattentäter, nachdem sein Deutscher Schäferhund, ein Patrouillen-Sprengstoffspürhund, in einer großer Menschenmenge angeschlagen hatte.

Army Cpl. Kory Wiens, 20 Jahre, und sein Spezialisierter Spürhund, ein Labrador Retriever namens

Cooper. Beide wurden am 6. Juli 2007 auf einer Patrouille in Muhammad Sath im Irak durch einen improvisierten Sprengsatz getötet. Sie waren das erste Team, das seit dem Vietnamkrieg gemeinsam, Führer und Hund, den Tod fand. Ihre Asche wurde in Wiens' Heimatstadt Dallas in Oregon bestattet.

Army Staff Sgt. Donald Tabb, 29 Jahre. Tabb war am 5. Februar 2008 der erste Hundeführer, der in Afghanistan den Tod fand, als in Sangin ein Sprengsatz neben seinem Fahrzeug explodierte. Sein Spezialspürhund, ein schwarzer Labrador Retriever namens Bo, erlitt Verletzungen. Er wurde außer Dienst gestellt und von Tabbs Bruder adoptiert.

137 Bataillons-Zwinge.kommandantin U.S. Marine Staff Sgt. Dana Brown umarmt tröstend Cpl. Richard Bock bei einer Gedenkfeier zu Ehren des Diensthundes Keve, der 2009 starb.

Army Sgt. Zainah Creamer, 28 Jahre. Creamer wurde am 12. Januar 2011 die erste Hundeführerin, die im Kampf fiel, als eine improvisierte Sprengvorrichtung neben ihrem Fahrzeug explodierte. Creamer und ihr Patrouillen-Sprengstoffspürhund Jofa säuberten Straßen und Gebäude in der afghanischen Provinz Kandahar.

Lance Cpl. Liam Tasker, 26 Jahre. Der Hundeführer des Royal Army Veterinary Corps wurde am 1. März 2011 auf einer Patrouille in der afghanischen Provinz Helmand tödlich getroffen. Mit 14 Funden im Zeitraum von fünf Monaten hatten Tasker und sein 22 Monate alter Springerspaniel Theo einen Rekord aufgestellt. Der Hund blieb unverletzt und erlitt einige Stunden danach einen tödlichen Schlaganfall. Offiziere der Einheit vermuteten, dass der Schusswechsel die wahrscheinliche Ursache für seinen Tod war. Andere Hundeführer sagten, Theo sei an gebrochenem Herzen gestorben.

Theos Asche begleitete Taskers Sarg auf dem Heimflug. Tasker war der 358. britische Soldat, der in Afghanistan fiel, Theo der sechste britische Militärdiensthund, der seit 2001 im Irak oder in Afghanistan getötet wurde.

Die genaue Zahl der im Einsatz getöteten Militärdiensthunde ist schwer feststellbar. Auf eine entsprechende Anfrage erklärte das U.S. Central Command lediglich, von Mai 2010 bis August 2011 seien 14 Hunde im Kampf getötet worden. Sechs hätten Verwundungen erlitten und drei seien als vermisst gemeldet.

Was die hitzebedingten Krankheiten angeht, so war zu erfahren, dass »nur eine Handvoll« Hunde daran gestorben seien. Trotz der mangelnden Präzision dieser Angabe ist dies eine bedeutende Verbesserung im Vergleich zu den hunderten, die aus diesem Grund im Zweiten Weltkrieg und in Vietnam gestorben sind.

Wenig Nutzen bringt das allerdings Hunden wie Atos, einem Sprengstoffspürhund, der am 21. Oktober 2011 vorzeitig aus dem Dienst scheiden musste. Er überhitzte sich im Irak, wodurch er seine Fähigkeit verlor, seine Körpertemperatur zu regulieren. Bei die-

sem Einsatz entdeckte er eines der größten Waffenverstecke in der Provinz Anbar. Es enthielt Sprengsatzkomponenten, 229 Handfeuerwaffen, 31 Mörser, 98 Raketen, 45 Handgranaten und 170 Meter Zündschnur.

Die Zahl der Hunde, die durch Gewehrfeuer getötet oder verwundet wurden, ist ebenfalls schwer zu erfassen. Eine entsprechende Datenbank existiert nicht. Aus einer Untersuchung über 31 Militärdiensthunde mit Schussverletzungen ergibt sich eine Über-

RANCHO COASTAL HUMANE SOCIETY PRO
HONORS THE MILITARY WORKING DO

DEDICATED TO
ALL MILITARY WORKING DOGS
AND THEIR HANDLERS
PAST, PRESENT AND FUTURE
YOUR DEEDS AND SACRIFICES
WILL ALWAYS BE REMEMBERED

lebensrate von 33 Prozent. Von den Überlebenden waren 70 Prozent zeitweilig in einem so kritischen Zustand, sodass besondere lebensrettende Maßnahmen erforderlich wurden. Sieben von zehn Überlebenden nahmen der Dienst wieder auf. Die übrigen mussten noch länger betreut werden, man ging aber davon aus, dass sie schließlich wieder diensttauglich sein würden.

Die größte Gefahr für die heutigen Militärdiensthunde sind jedoch nicht Schüsse, sondern stumpfe Traumata und Verletzungen durch Sprengkörper. Insbesondere unkonventionelle Spreng- oder Brandvorrichtungen sind die tödlichste Waffe, die der Feind gegen Menschen und Hunde einsetzt.

138–139 Das Denkmal für Militärdiensthunde der Ranco Coastal Humane Society in Encinitas, Kalifornien, ist eine der wenigen Gedenkstätten, die zu Ehren dieser Tiere errichtet wurden.

140 Petty Officer 2nd Class Blake Soller streichelt seinen Diensthund Rico auf dem Militärdiensthundefriedhof der Marinebasis Guam (27. Oktober 2006).

140–141 Ein Wachhund der K-9-Einheit der Armee der Philippinen ruht vor Gräbern des amerikanischen Soldatenfriedhofs in Manila (24. Mai 2009). Der mindestens 17 000 Gräber umfassende Friedhof ist eine Gedenkstätte zu Ehren der amerikanischen und philippinischen Soldaten, die im Zweiten Weltkrieg Seite an Seite kämpften.

Weder die heldenhaften Leistungen der Hunde noch die körperlichen und seelischen Narben, die viele Überlebende davongetragen haben, werden offiziell anerkannt. Trotzdem gibt es unter den Militärdiensthunden namentlich bekannte Helden.

Stubby

Stubby ist der Großpapa sämtlicher Hundehelden. Er hatte keinen Stammbaum und keine militärische Ausbildung. Trotzdem wurde diese herrenlose Bullterrier-Mischung zum meistdekorierten Diensthund der amerikanischen Militärgeschichte.

Private J. Robert Conroy brachte Stubby mit, als das 102nd Infantry Regiment der 26th (Yankee) Division im 1. Weltkrieg an die Front geschickt wurde. Der erst wenige Wochen alte Hund wurde auf einen Truppentransporter geschmuggelt, der im Juli 1917 Soldaten nach Frankreich brachte. Stubby diente 19 Monate lang und nahm an 17 Schlachten teil, darunter an der Schlacht von Château-Thierry, der Marneschlacht und der Maas-Argonne-Schlacht. Der Hund, der seinen Namen seinem Stummelschwanz verdankte, stellte seinen Wert immer wieder unter Beweis.

Nach einem Gasangriff, der ihn fast das Leben gekostet hätte, wurde Stubby äußerst sensibel für den Geruch von Giftgas. Als die Deutschen Wochen später am frühen Morgen einen Gasangriff durchführten, wurde er durch seine schmerzliche Erinnerung zum Lebensretter. Der Geruch trieb den aufgeregten Hund durch den Schützengraben. Er bellte und biss die schlafenden Soldaten, bis sie ihre Gasmasken aufsetzten.

Bei einer anderen Gelegenheit enttarnte Stubby mit seinem feinen Geruchssinn einen deutschen Späher, der eine Karte der alliierten Stellungen anfertigte. Der Deutsche versuchte wegzulaufen,

142–143 Louise Johnson und Stubby, der meistdekorierte Militärhund der Geschichte, bei einer Parade in Washington, D.C. (15. Mai 1921).

wurde aber durch wiederholte Bisse in seine Waden daran gehindert. Schließlich verbiss sich Stubby in sein Hinterteil und hielt ihn fest, bis die eigenen Leute eintrafen.

Die amerikanischen Soldaten erkannten schnell den Mut und die Fähigkeiten dieses Hundes und setzten ihn zur Suche nach Verwundeten ein, die im Niemandsland zwischen den blutgetränkten Schützengräben lagen. Durch sein Gebell führte er die Sanitäter zu den Verwundeten oder warnte sie vor dem anrückenden Feind.

Nach dem Krieg wurde Stubby ein amerikanischer Volksheld. Er nahm an zahllosen Paraden und Krankenhausbesuchen teil und wurde in der American Legion und beim Roten Kreuz Ehrenmitglied auf Lebenszeit. 1921 verlieh ihm General John »Black Jack« Pershing eine Goldmedaille. Noch im gleichen Jahr stattete der im Rang eines Sergeants stehende Hund dem Weißen Haus einen Besuch ab, wo er mit Präsident Warren G. Harding zusammentraf. Drei Jahre später besuchte er Präsident Calvin Coolidge.

Stubby starb am 16. März 1926. Seine sterblichen Überreste werden in der Smithsonian Institution aufbewahrt.

Chips

Von den im Zweiten Weltkrieg berühmt gewordenen Diensthunden ist Chips einer der bekanntesten. Der Schäfer- und Eskimohund-Mischling war der meistdekorierte Hund des Zweiten Weltkriegs. Der zweijährige Wachhund wurde 1942 in Front Royal in Virginia abgerichtet und erlebte schon kurze Zeit später ein heftiges Gefecht. Er diente im Nordafrikafeldzug 1942 und ging knapp ein Jahr später mit der 3rd Division von Pattons Seventh Army im Rahmen der Invasion Siziliens an Land.

Bald nach der Invasion gelangten Chips und sein Hundeführer auf einer Patrouille zu einer gut getarnten Pillbox. Chips wurde aggressiv und riss sich los. Als er dem Feind entgegenstürmte, ratter-

te ein Maschinengewehr los. Einige Augenblicke darauf verstummte das Feuer. Ein italienischer Soldat, aus Bisswunden an den Armen und der Kehle blutend, kam mit erhobenen Händen aus dem Versteck, drei weitere folgten ihm.

Später stellte sich heraus, dass ein Italiener seine Pistole aus kürzester Entfernung auf Chips abgefeuert, ihn aber verfehlt hatte. Der unerbittliche Hund ließ sich weder durch eine Wunde in der Kopfhaut noch durch die vom Pulver verursachten Verbrennungen stoppen, als er im Alleingang den Bunker stürmte.

Im September 1943 wurde Chips für das Distinguished Service Cross vorgeschlagen, eine Tapferkeitsauszeichnung, die unmittelbar unter der Medal of Honor rangiert. Der kommandierende General reduzierte die Auszeichnung auf den immer noch ehrenvollen Silver Star. Chips erhielt auch das Purple Heart für im Kampf erlittene Verwundungen sowie den persönlichen Dank von General Dwight D. Eisenhower.

York

York ist ein Beispiel für Militärdiensthunde, die so hervorragend arbeiten, dass alle ihre Schutzbefohlenen den Krieg überleben. Der Aufklärungshund des 26th Infantry Scout Dog Platoon begleitete im Koreakrieg zwischen dem 12. Juni 1951 und dem 26. Juni 1953 148 Patrouillen. Wenn York mit auf Patrouille war, ging kein einziger Mann verloren. General Samuel T. Williams war derart beeindruckt, dass er York für seine Leistungen den Distinguished Service Award verlieh.

York blieb bis 1957 in Fernost, dann kehrte er in die Vereinigten Staaten zurück und wurde in der Öffentlichkeitsarbeit und Rekrutierung eingesetzt. Nach einem kurzen Aufenthalt in Fort Carson, Colorado, kam er nach Fort Benning in Georgia. Hier wurde er erneut dem 26th Infantry Scout Dog Platoon zugeteilt, der Einheit, in der er schon in Korea gedient hatte.

144–145 Chips bekommt von einem Soldaten einen Donut (1944). Der Schäfer-Husky-Bastard wurde im September 1943 für das Distinguished Service Cross vorgeschlagen.

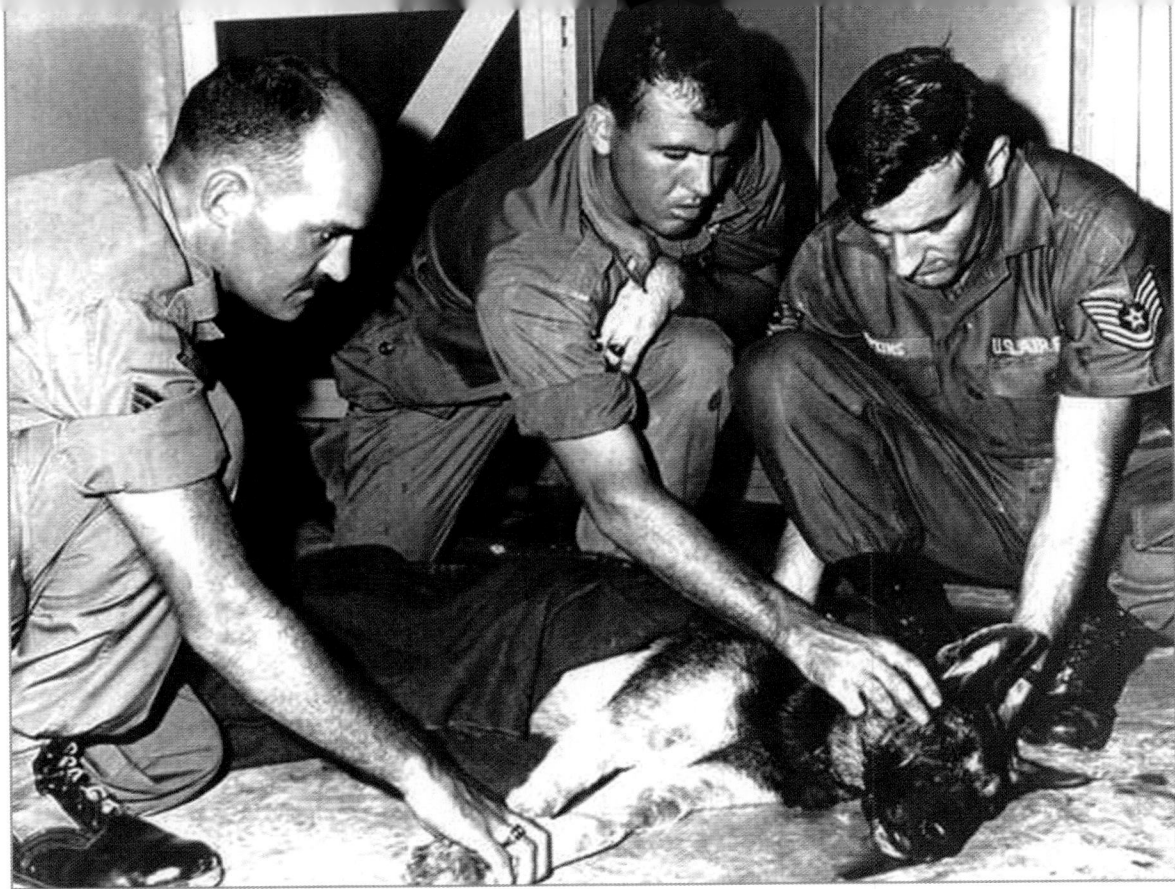

Budda und Nemo

Ähnliche Erfolge erzielte Budda in Vietnam. Der Hund diente dort fünf Jahre lang – länger als jeder andere in Vietnam eingesetzte Aufklärungshund. Er war bei der bestätigten Tötung von fünf feindlichen Soldaten im Nahkampf beteiligt und wurde dreimal verwundet, davon einmal am Hals durch einen Spitzpfahl einer Fallgrube. Er diente unter insgesamt acht Hundeführern, die alle wieder in die Heimat zurückkehrten.

Buddas Ruhm geht auf seine lange Dienstzeit zurück, der Wachhund Nemo hingegen wurde durch eine einzige selbstlose Tat berühmt. Nemos Führer, A2C Robert Thorneburg, wurde am 4. Dezember 1966 verwundet, als feindliche Pioniere in den Luftwaffenstützpunkt Tan Son Nhut in Südvietnam einsickerten. Nemo griff an und riss zwei der Angreifer zu Boden. Dabei wurde er ins Gesicht getroffen. Das Geschoss durchschlug das rechte Auge und trat durch das Maul wieder aus. Trotzdem kroch der verwundete Hund auf Thorneburg, um ihn mit seinem Leib zu decken.

Tierarzt Captain Raymond Huston nahm auf Nemos Gesicht Hauttransplantationen vor, führte einen Luftröhrenschnitt durch und entfernte das rechte Auge. Dem geschickten Veterinär gelang es, das Leben des Hundes zu retten. Am 23. Juni 1967 wurde Nemo als erster Wachhund in Vietnam aus dem aktiven Dienst entlassen. Er wurde bis zu seinem Tod am 13. März 1973 bei der Anwerbung von Hunden eingesetzt.

Carlo

In den Jahren nach Vietnam hatten Militärdiensthunde wenig Möglichkeiten, zu Ruhm und Ehre zu gelangen. Manche Offiziere stellten sogar den Wert des Programms infrage. Ein im Ersten Golfkrieg eingesetzter Malinois bewirkte ein völliges Umdenken.

Seit dem Ersten Weltkrieg war die Bedrohung durch chemische Waffen Geschichte. Bei den Ope-

146 Luftwaffensoldaten und Tierärzte behandeln Nemo (Juni 1967), der im Luftwaffenstützpunkt Tan Son Nhut in Südvietnam feindliche Pioniere angegriffen hatte. Durch einen Schuss ins Gesicht verlor er das rechte Auge. Darüber hinaus musste ein Luftröhrenschnitt vorgenommen werden.

rationen Desert Shield und Desert Storm befürchtete man erstmals wieder den Einsatz dieser heimtückischen Waffen. Die Hundeteams wurden daher vorsichtshalber mit Atropin-Autoinjektoren ausgestattet. Zum Glück war diese Sorge unbegründet, die Angst vor Sprengkörpern hingegen erwies sich als nur allzu berechtigt.

Carlo und sein Hundeführer, Air Force Staff Sgt. Christoper Batta, wurden gegen die Bedrohung durch Sprengstoffe eingesetzt. Das Team leistete in Kuwait 60 Tage lang hervorragende Arbeit. Der Hund spürte 167 Sprengladungen und Verstecke auf. Eine der Sprengfallen bestand aus Streubomben und war unter Fertiggerichten versteckt.

Als Batta den Bronze Star verliehen bekam, nahm er die Medaille ab und befestigte sie an seinem Partner mit den Worten »Carlo hat die schwerere Arbeit geleistet. Er war immer vor mir da.«

Carlo und Batta waren nicht das einzige Team, das Schwerarbeit leistete. Bei der Befreiung Kuwaits im Februar 1991 ergab sich das Problem einer noch nie gesehenen Flut von Kriegsgefangenen. Tausende irakische Soldaten ergaben sich oder wurden gefangen genommen. Hundeführer der Royal Air Force Police wurden nach Mary Hill Camp gesandt, einem Lager mit etwa 4000 Kriegsgefangenen. Es war nichts Ungewöhnliches, dass ein einziges Hundeteam 400 Gefangene bewachen musste – trotzdem gelang es keinem zu fliehen.

Lex

Lex war ein achtjähriger Deutscher Schäferhund, der im Irak in Fallujah im Einsatz war. Am 21. März 2007 geriet seine Patrouille unter schweren Beschuss. Sein Führer, der 20-jährige Marine Cpl. Dustin Lee, wurde durch eine Mörsergranate getötet. Lex wurde dabei schwer verwundet, weigerte sich jedoch, seinen Partner zu verlassen. Heute hilft er Lees Familie, den Schmerz zu bewältigen, den jede Familie durchstehen muss, wenn sie einen geliebten Angehörigen

147 U.S. Air Force Tech. Sgt. Rudy Muccitilli (rechts) und Sgt. Chris Batta suchen mit ihrem Diensthund Carlo in irakischen Bunkern nördlich von Kuwait-Stadt nach Waffen und Sprengstoff (10. März 1991). Innerhalb von 60 Tagen fand das Team 167 Verstecke und Sprengsätze.

auf dem Schlachtfeld verloren hat. Dank der Unterstützung durch den republikanischen Abgeordneten Walter B. Jones (North Carolina) wurde Lex vorzeitig aus dem Dienst entlassen und am 21. Dezember 2007 Lees Familie übergeben. »Das wird mir nicht meinen Bruder zurückbringen, aber es ist so etwas Ähnliches«, sagte Dustins 16-jährige Schwester Madison, als sie mit Lex spielte.

Bino

Andere Hunde wurden nach ihrer Heimkehr zu Helden, so auch Bino. Der Holländische Schäferhund hatte in der US-Army als Rauschgiftspürhund in Tikrit und Mosul im Irak gedient. Aus dem Dienst entlassen wurde er von Debbie Kandoll adoptiert, der Gründerin von Military Working Dog Adoptions. Er wird nun bei der Ausbildung ehemaliger Militärdiensthunde eingesetzt, die wiederum Veteranen helfen sollen, die unter posttraumatischen Belas-

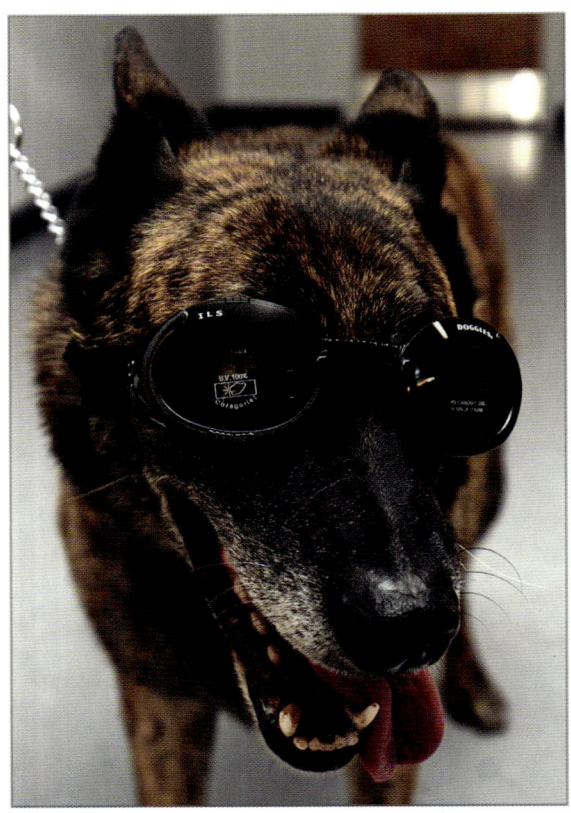

tungsstörungen und traumatischen Gehirnverletzungen leiden. Er ist nicht der Einzige. Vereinigungen wie Veterans Moving Forward und Dog Bless You greifen auf aktive und ehemalige Militärdiensthunde zurück, um Veteranen zu helfen, von ihren Verletzungen zu genesen. Dog Bless You hat versprochen, für jeweils 5000 »Gefällt mir«-Klicks auf seiner Facebook-Seite einem kürzlich aus dem Dienst geschiedenen Veteranen einen Diensthund zu übergeben, und das bis zu einer Gesamtzahl von hundert Hunden. Bis Mitte November 2011 hat die Seite mehr als 275 000 Klicks erhalten. Der 13-jährige Bino erhielt 2011 für seinen Militärdienst den American Humane Association Hero Dog Award.

Buster, Sadie und Treo

Anders als die amerikanischen Streitkräfte, die über kein offizielles Auszeichnungsprogramm für Militärdiensthunde verfügen, zeichnen die Briten ihre Tapfersten mit der People's Dispensary for Sick Animals Dickin Medal aus, einer Art Victoria Cross für Tiere. Die Auszeichnungen wurden drei Hunden für ihre Leistungen im Krieg gegen den Terror verliehen. Der erste war Buster, ein Springer Spaniel, der im März 2003 im Duke of Wellington's Regiment in Safwan im Irak diente. Britische Soldaten standen unter Raketenbeschuss. Die Spuren verwiesen auf eine Gruppe von Extremisten, doch drei Suchaktionen erbrachten keinerlei Beweise. Nun wurde Buster eingeschaltet. Er entdeckte ein Versteck hinter einer zur Tarnung errichteten Mauer. Es enthielt AK47-Sturmgewehre, Handkoffer mit Geld, Handgranaten, Munition und Ausrüstung zur Herstellung von Sprengkörpern. Die Terroristen wurden gefangen genommen, die Angriffe hörten auf, Verluste an Menschenleben wurden vermieden.

Es dauerte über drei Jahre, bis eine weitere Dickin Medal verliehen wurde. Dieses Mal ging sie an Sadie, einen Labrador Retriever, der dem Royal

148 Bino mit seiner Schutzbrille, die er auf Patrouillengängen in der irakischen Wüste trug.

149 Camryn Lee und Lex tauschen Zärtlichkeiten aus. Der Deutsche Schäferhund wurde von Familie Lee adoptiert. Es war das erste Mal, dass ein Hund vorzeitig aus dem Militärdienst entlassen wurde, damit er bei den Angehörigen eines gefallenen Hundeführers leben konnte.

Gloucestershire, Berkshire und Wiltshire Regiment zugeteilt war. Der Irak- und Bosnien-Veteran spürte im November 2005 in Afghanistan einen Sprengkörper auf, der im UN-Hauptquartier in Kabul versteckt war. Zu dem Fund kam es wenige Augenblicke, nachdem das Areal von einem Selbstmordattentat erschüttert worden war. Sadie machte sich inmitten des Chaos an die Arbeit und erschnüffelte eine zweite Sprengvorrichtung unter 60 cm dickem Beton. Die ferngesteuerte Bombe, ein mit TNT gefüllter und mit Sandsäcken bedeckter Druckkochtopf sollte die nach dem Selbstmordattentat eintreffenden Rettungskräfte töten. Sadies Führer, Lance Cpl. Karen Yardley, stieß Warnrufe aus, worauf das Gebiet geräumt und ein Bombenentschärfungskommando gerufen wurde.

Treo, ein achtjähriger schwarzer Labrador Retriever, wurde der dritte Hund, der in jüngster Vergangenheit, nämlich am 24. Februar 2010, die begehrte Auszeichnung erhielt. Der Sprengstoffspürhund und sein Führer, Sgt. Dave Heyhoe, wurden 2008 als Teil der 104th Military Working Dogs Support Unit einem Zug des 1st Battalion Royal Irisch Regiment bei Sangin in Afghanistan zugeteilt. Zahllose Soldaten verdanken Treo ihr Leben, da er auf zwei Patrouillen auf versteckte Sprengladungen und improvisierte Sprengvorrichtungen anschlug.

Major Graham Shannon, Kommandeur des 1st Battalion Royal Irish Regiment, sagte: »Treos Nase schützte meine Soldaten vor den Sprengsätzen, die die Taliban am Straßenrand versteckt hatten, um unseren Truppen so schwere Verluste wie möglich zuzufügen. Die Militärdiensthunde sind unseren Patrouillen beim Aufspüren dieser Vorrichtungen eine unschätzbare Hilfe. Die Hunde selbst beweisen bei ihrer täglichen Arbeit ungeheuren Mut, obwohl sie dabei oft unter Beschuss geraten. Die Verleihung dieser Auszeichnung für Treos Leistungen, die er zum Schutz unserer Soldaten erbracht hat, ist absolut gerechtfertigt.«

150 Buster, ein fünfjähriger Springer Spaniel des Royal Army Veterinary Corps, wird mit der People's Dispensary for Sick Animals Dickin Medal ausgezeichnet (London, 9. Dezember 2003). Er teilt sich diese als »Victoria Cross für Tiere« bezeichnete Ehre mit seinem Führer, Sgt. Danny Morgan.

Treo wurde 2009 aus dem Dienst entlassen und von Heyhoe und seiner Familie adoptiert.

Ungeachtet dieser hohen Ehrungen sind Buster, Sadie und Treo nicht die berühmtesten Militärdiensthunde, die sich im Krieg gegen den Terror einen Namen gemacht haben. Diese Auszeichnung gebührt Cairo, einem Deutschen Schäferhund, der SEAL Team Six auf dem Einsatz begleitete, bei dem Osama bin Laden getötet wurde. Cairo ist der einzige Teilnehmer dieser Operation, dessen Name öffentlich bekannt wurde.

Cairo

Einzelheiten der Operation wurden erstmals in Nicholas Schmidles Artikel ›Getting Bin Laden: What happened that night in Abbottabad« bekannt, den die Zeitschrift *The New Yorker* am 8. August 2011 veröffentlichte. Schmidle stützte sich auf Berichte aus erster Hand, die er von Teilnehmern der Operation und Kommandeuren und Kontrolleuren von Sondereinsätzen erhielt. Der Schäferhund befand sich an Bord des geheimen schwarzen Tarnkappenhelikopters Zwei. Als sich das Kommando seinem Ziel näherte, wurde Cairo an einen Soldaten angeschnallt und im Dunkel der Nacht aus dem Helikopter abgeseilt. Cairo bezog Position an der Nordostseite des 4000 m² großen Grundstücks.

Der Einsatz war in den Wochen zuvor dutzende Male an Nachbauten der Anlage in North Carolina und Nevada geprobt worden. Cairo war auf jedem Übungsflug dabei.

Als der erfahrene Diensthund in der Umgebung des Anwesens zur Sicherung eingesetzt wurde, blieb er ruhig. Seine eigentliche Aufgabe war, Bin Laden aufzuspüren, falls dieser sich in einen verborgenen Schutzraum hinter doppelten Mauern verkriechen sollte. Seine Spürnase wurde aber nicht gebraucht. Das leise Klirren von schallgedämpften Sig-Sauer-P226-Pistolen, Colt-M4-Gewehren und Heckler-&-Koch-MP7, mit dem das dreigeschossige

151 Treo, ein achtjähriger schwarzer Labrador Retriever, wurde am 24. Februar 2010 der dritte Militärdiensthund, der die britische Dickin Medal erhielt. Sie wird für Tapferkeit im Krieg verliehen und ist die höchste für Tiere vorgesehene militärische Auszeichnung. Das Foto zeigt Treo mit der Medaille.

Haus erfüllt war, verstummte bald, als 5,56-mm-Projektile Bin Laden in die Brust und dann über dem linken Auge trafen. Kurz darauf funkte der Schütze die Meldung: »Für Gott und Vaterland – Geronimo, Geronimo, Geronimo«. Es war der Codename, den das Kommando für Bin Laden gewählt hatte.

Als Präsident Barak Obama kurze Zeit darauf SEAL Team 6 empfing, wusste er zunächst nicht, dass ein Militärdiensthund an der Operation teilgenommen hatte. Auf seine Aufforderung hin wurde der mit einem Beißkorb versehene Cairo hereingeführt und dem obersten Befehlshaber vorgestellt.

In seiner an die Einsatzgruppe gerichteten Ansprache sagte Obama: »Unser Geheimdienstleute haben erstaunliche Arbeit geleistet. Ich war zu fünfzig Prozent überzeugt, dass Bin Laden dort war, aber ich war hundertprozentig von euch Männern überzeugt. Ihr seid buchstäblich die beste Kleinkampfeinheit, die es weltweit jemals gegeben hat.«

Das Kommando überreichte Obama eine amerikanische Flagge im Format drei mal fünf Fuß, die ein Helikopter mitgeführt hatte. Die SEAL-Soldaten und die Piloten unterschrieben auf der Rückseite der Flagge. Auf der Vorderseite stand zu lesen: »Von der Joint Task Force Operation Neptune's Spear, 1. Mai 2011: ›Für Gott und Vaterland. Geronimo.‹«

Cairo erregte die Aufmerksamkeit der Welt für die heldenhaften Taten der Militärdiensthunde. Es war eine Anerkennung, für die viele Menschen mehrere Jahre hindurch gekämpft haben.

Manche, wie etwa der Abgeordnete Jones, führen diesen Kampf an der politischen Front. Neben dem Corporal Dustin Lee Memorial Act hat das Kongressmitglied aus North Carolina Gesetzesvorschläge ausgearbeitet, durch die Diensthunde ihren Status als militärische Ausrüstung verlieren sollen, damit ihr Wert und ihre Leistungen besser gewürdigt werden können.

152 Ein mit Hi-Tec-Geschirr ausgestatteter Militärdiensthund auf einem undatierten Prospekt des kanadischen Unternehmens »K9 Storm Inc.«, das Sonderausrüstungen wie modernste Splitterwesten für Hunde und vom US-Militär und anderen benutzte ballistische Schutzwesten herstellt. Cairo, der das Navy SEAL Team Six auf seinem Einsatz gegen Osama bin Laden begleitete, war vermutlich ähnlich ausgerüstet.

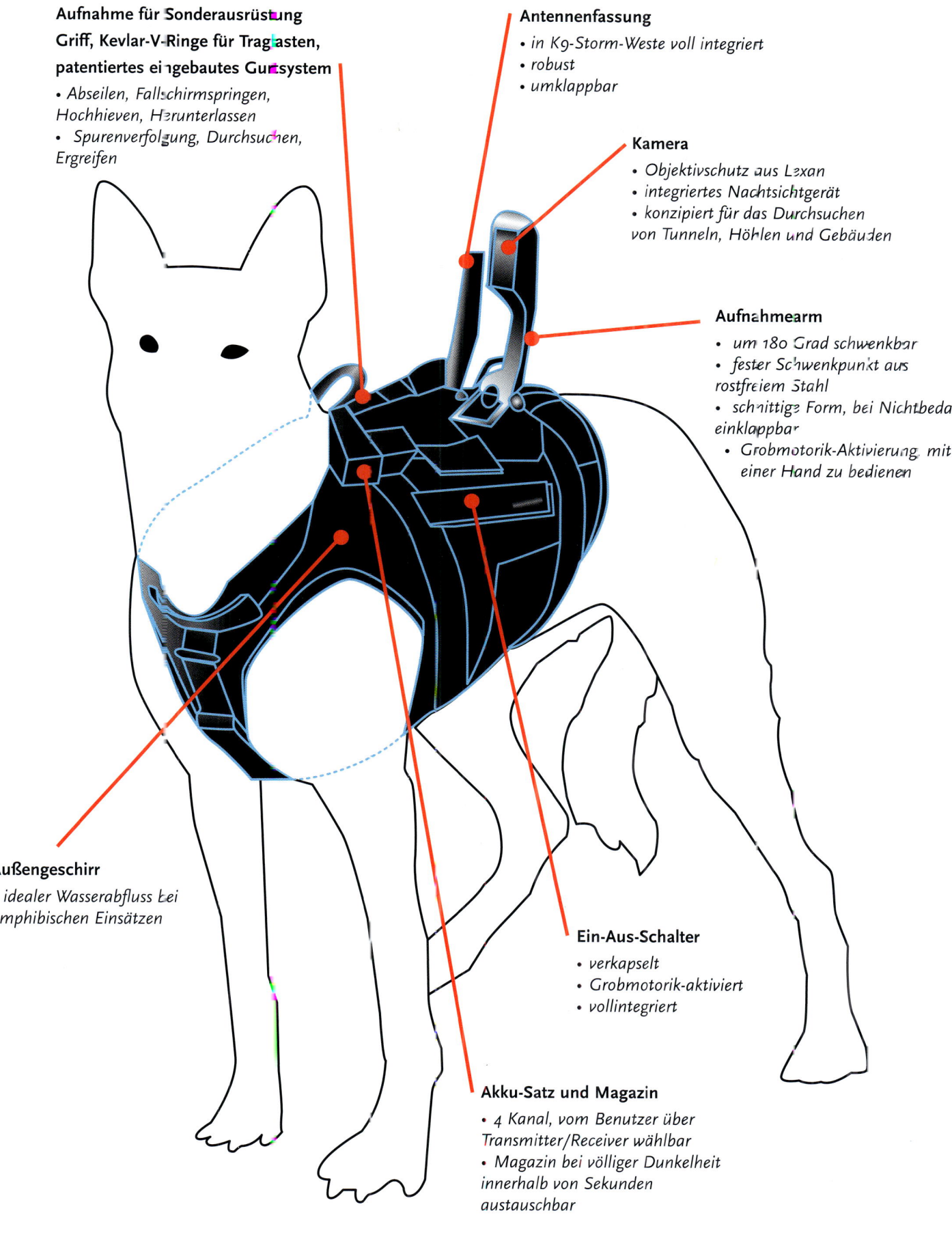

Aufnahme für Sonderausrüstung

Griff, Kevlar-V-Ringe für Traglasten, patentiertes eingebautes Gurtsystem

• Abseilen, Fallschirmspringen, Hochhieven, Herunterlassen
• Spurenverfolgung, Durchsuchen, Ergreifen

Antennenfassung

• in K9-Storm-Weste voll integriert
• robust
• umklappbar

Kamera

• Objektivschutz aus Lexan
• integriertes Nachtsichtgerät
• konzipiert für das Durchsuchen von Tunneln, Höhlen und Gebäuden

Aufnahmearm

• um 180 Grad schwenkbar
• fester Schwenkpunkt aus rostfreiem Stahl
• schnittige Form, bei Nichtbedarf einklappbar
• Grobmotorik-Aktivierung, mit einer Hand zu bedienen

Außengeschirr

• idealer Wasserabfluss bei amphibischen Einsätzen

Ein-Aus-Schalter

• verkapselt
• Grobmotorik-aktiviert
• vollintegriert

Akku-Satz und Magazin

• 4 Kanal, vom Benutzer über Transmitter/Receiver wählbar
• Magazin bei völliger Dunkelheit innerhalb von Sekunden austauschbar

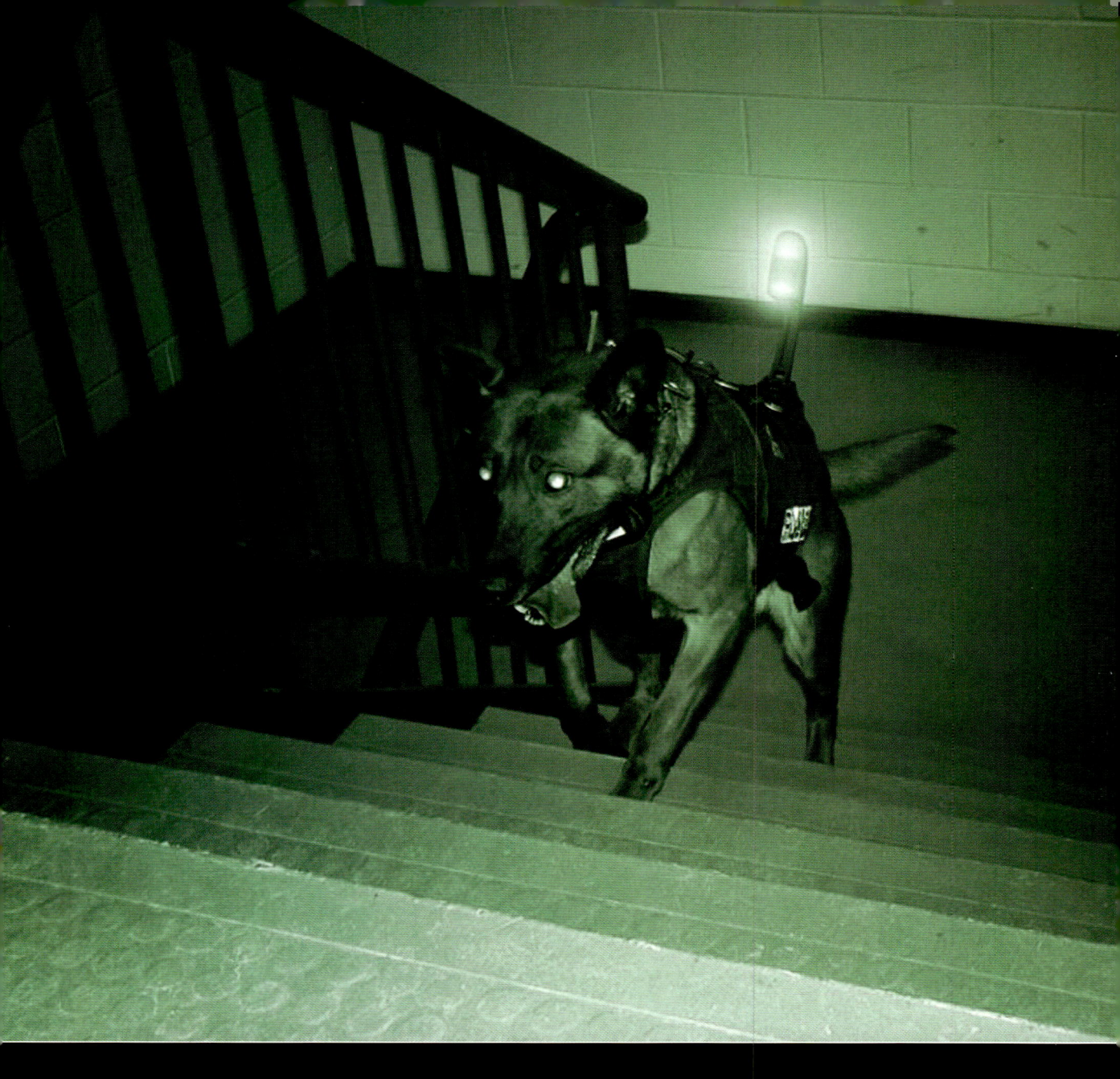

154 Ein mit Geschirr und Lampe ausgerüsteter Militärdiensthund durchsucht ein Gebäude, in dem völlige Dunkelheit herrscht. Der K9 Storm Intruder ist eine Ausrüstung, die über befestigte Barrieren hinweg Videoaufnahmen in Echtzeit liefert. Nachtsichtgeräte sorgen für eine vollautomatische Anpassung an unterschiedliche Lichtverhältnisse, sodass optimale, hochaufgelöste Videos entstehen.

15 Die Kommandos von Spezialstreitkräften stützen sich bei verdeckten oder geheimen Operationen in steigendem Maß auf Militärdiensthunde. Die Hunde passen sich gut an die schnell wechselnde Umgebung an und sind beim Aufspüren von Personen und Sprengstoffen selbst den modernsten Technologien klar überlegen.

156–157 Präsident Obama verfolgt die ins Weiße Haus übertragene Operation mit Vizepräsident Joe Biden (links), Verteidigungsminister Robert Gates (rechts), Außenministerin Hillary Clinton (zweite von rechts) und weiteren Mitgliedern des Sicherheitsausschusses.

Wenn es nun um die Würdigung des Wertes und der Leistungen von Militärdiensthunden geht, so gibt es wenige, die sich so eingesetzt haben wie John Burnam. Der ehemalige Hundeführer hat sich unermüdlich für die Errichtung eines nationalen Militärdiensthundedenkmals eingesetzt. Gleich einem in sein Opfer verbissenen Diensthund ließ Burnam nicht locker. Im Jahr 2001 startete er sein nationales Denkmalsprojekt. Wiederholte Bemühungen trugen zur House Resolution 4986 bei. Sie forderte die Errichtung eines nationalen Militärdiensthundedenkmals in einer passenden militärischen Anlage. Der Gesetzentwurf, den Präsident George W. Bush im Februar 2008 durch seine Unterschrift zum Gesetz erhob, nennt Fort Belvoir in Virginia als am besten geeigneten Ort. Nach einigen Widerständen fand dieses Denkmal seinen Platz im March Field Museum. Weitere Denkmäler wurden an Orten wie Fort Benning in Georgia und Port Neches in Texas errichtet.

»Die Hunde und ihre Führer verdienen diese Ehrung«, erklärte Jones. »Sie dienten unserer Nation in heldenmütiger Weise im Zweiten Weltkrieg, in Korea und Vietnam, heute sind sie eine unschätzbare Hilfe in Afghanistan und im Irak. Wenn Veteranen wie John Burnam uns den Weg weisen, bin ich überzeugt, dass unsere Militärdiensthundeteams schließlich das Nationaldenkmal erhalten werden, das sie unbestritten verdienen.«

157 Die Wohnanlage Osama bin Ladens in Abbottabad, Pakistan. Das Navy SEAL Team Six mit dem Malinois Cairo führte am 1. Mai 2011 ein gewagtes nächtliches Kommandounternehmen durch, bei dem der Al-Qaida-Führer getötet wurde.

AUTOREN

RONALD L. AIELLO *diente von 1964 bis 1970 im United States Marine Corps. In dieser Zeit gehörte er dem First Marine Dog Platoon an. Er und sein Diensthund Stormy waren eines der ersten 30 Spürhundeteams der Marineinfanterie, die Anfang 1966 nach Vietnam abkommandiert wurden. In den folgenden zwölf Monaten nahmen Ron und Stormy an zahlreichen Einsätzen teil und dienten in Einheiten der Marineinfanterie bei Search-and-Destroy-Operationen als Führer. Im Jahr 2000 gründeten Aiello und vier weitere Hundeführer und Vietnamveteranen die United States War Dogs Association Inc., eine gemeinnützige Gesellschaft, die aus ehemaligen und aktiven US-Militärdiensthundeführern und fördernden Mitgliedern besteht. Die United States War Dogs Association hat es sich zur Aufgabe gemacht, über die lange Geschichte der Militärhunde zu informieren, die Öffentlichkeit für die unschätzbaren Dienste, die sie unserem Land erweisen, zu sensibilisieren und ihnen Gedenkstätten einzurichten. Seit der Gründung der United States War Dogs Association hat Ron diese Organisation als Präsident geleitet und Tag für Tag Maßnahmen getroffen, um sicherzustellen, dass den im Nahen und Mittleren Osten eingesetzten US-Militärdiensthundeteams mithilfe der Operation Military Care K-9 die nötige Unterstützung zuteilwird. Es handelt sich um ein Programm, das Hundeteams, die in Ländern wie Irak, Afghanistan und Kuwait im Einsatz stehen,* durch Carepakete und Briefe unterstützt. 2010 erweiterte er die United States War Dogs Association, indem er ihre erste Zweigstelle in Kalifornien gründete. 201̄ wurden eine zweite Niederlassung in Florida und eine dritte in Texas gegründet. Zurzeit arbeitet Aiello an der Gründung einer vierten und fünften Niederlassung. Ron Aiello war Berater von zahlreichen Filmproduzenten, Buch- und Drehbuchautoren sowie lokalen und überregionalen Zeitungen. Sein Expertenwissen in Bezug auf Militärdiensthunde und ihre Abrichtung macht ihn zu einem gefragten Teilnehmer an TV-Sendungen und Rundfunkinterviews, in denen er für die Errichtung von Gedenkstätten warb und darlegte, warum die Militärdiensthunde für die US-Streitkräfte unverzichtbar sind. Durch seine Erfahrung im Dienst mit Militärhunden verfügt Aiello über ein einzigartiges Wissen, das er nutzen kann, um die Öffentlichkeit über die Geschichte der Militärdiensthunde zu informieren.*

Persönliches: Nach seiner Rückkehr aus Vietnam war Aiello in den Marine Barracks, Key West Naval Base, Key West, Florida, stationiert. Hier lernte er seine spätere Frau Judy kennen. Sie heirateten 1967 und haben zwei erwachsene Söhne. 1973 eröffneten Ron und Judy Antique Restorations, ein Unternehmen zur Restaurierung von Porzellan. Sie wohnen zurzeit in Burlington, New Jersey.

LANCE M. BACON *ist leitender Journalist bei der Army Times, einer unabhängigen Wochenzeitung, die sich an Angehörige der amerikanischen Armee und ihre Familien richtet. Er schreibt über Armeeführung, Technik, Ausbildung und Taktik. Zu seiner Berichterstattung aus Afghanistan zählt eine preisgekrönte Reportage über die Schlacht von Roberts Ridge. Bacon war Lokal- und Militärredakteur bei Jacksonville Daily News (N.C.) und leitender Redakteur der Kinston Free Press (N.C.). In seiner Amtszeit wurde die Kinston Free Press zweimal als die in ihrer Kategorie beste Zeitung des Staates geehrt.* *Außerdem erhielt sie den Associated Press' Openness in Government Award und den begehrten Freedom of Excellence Award. Bacon ist ein Veteran der Marineinfanterie mit acht Dienstjahren (1989–1997). Er diente zwei Jahre auf der USS Independence (CV-62), zwei Jahre als Platoon Sergeant im 2nd Light Armored Reconnaissance Battalion in Camp Lejeune, N.C., und war vier Jahre in der Öffentlichkeitsarbeit tätig. Er erhielt dutzende Auszeichnungen als Journalist. Unter anderem wurde er zweimal Marine-Corps-Journalist des Jahres, in einem weiteren Jahr belegte er den zweiten Platz.*

DANK

Meiner geliebten Ehefrau Judy und meinen Söhnen Travis und Nicholas für ihre unermüdliche Unterstützung, Ermutigung und Geduld, die es mir ermöglichte, der Mensch zu werden, der ich heute bin. Dazu meinem guten Freund John C. Barman (Präsident, JBMF, Inc.) für seine jahrelange beständige Unterstützung.
Den Männern, Frauen und ihren Diensthunden, die in den Streitkräften der Vereinigten Staaten von Amerika gedient haben oder zurzeit dienen, für ihren Dienst und ihre jahrelange Unterstützung und Freundschaft.

Der Dank des Verlags gilt
Defense Imagery Management Operations Center (DIMOC) (defenseimagery.mil)
1st Military Working Dog Regiment, The British Army
Debbie Kandoll – MilitaryWorkingDogAdoptions.com
Bill Cummings-The Nemo Committee
K9 Storm Inc.

BIBLIOGRAFIE

Geschichte

Michael Lemish, *Forever Forward: K-9 Operations in Vietnam* (Schiffer Military History, 2009)

Michael Lemish, *War Dogs: A History of Loyalty and Heroism* (Potomac Books, Inc., 1999)

William W. Putney, *Always Faithful: A Memoir of the Marine Dogs of WWII* (Free Press, 2001)

Nigel Allsopp, *Cry Havoc: The History of War Dogs* (New Holland Publishers, Australia, 2011)

Kapitel 1

Michael L. Hammerstrom, *Ground Dog Day: Lessons Don't Have to be Relearned in the Use of Dogs in Combat* (M.A. Thesis, Naval Post Graduate School December 2005)

LCDR Mary Kathleen Murray, USN, *The Contributions of the American Military Working Dog in Vietnam* (M.A. thesis, U.S. Army Command and General Staff College, 1998)

Department of the Army, Army Concept Team in Vietnam, *60th Infantry Platoon (Scout Dog) Mine/Tunnel Detector Dog* January 1970

Kapitel 2

USA Today *Dogs take a lead in Iraq's terror war* (March 23, 2010)

Army Regulation 190–12 Military Police: Military Working Dog Program

Alabama A&M and Auburn universities, *The Dog's Sense of Smell* (June 2011)

Stewart Hilliard, PhD, *The Deferred Final Response Method for Training Substance Detection Dogs: Trouble-Shooting the Final Response* (Military Working Dog Course)

Kapitel 3

The Army Medical Department Journal, *Overview of Combat Trauma in Military Working Dogs in Iraq and Afghanistan*, (Jan-March 2009)

Los Angeles Times, *Afghanistan's most loyal troops* (February 08 2011)

USA Today, *At grim milestone for U.S. deaths in Iraq war, a time to reflect* (Dec. 31, 2006)

Associated Press, *UK Soldier, Dog on Final Mission Together* (March 10, 2011)

US Fed News, *Guantanamo Bay's K-9 war hero retires from active duty* (October 27, 2011)

Joint Improvised Explosive Device Defeat Organization, *Statistical Report: IED by Month* (September 2011)

Linda Crippen, *Military Working Dogs: Guardians of the Night* (Army Training and Doctrine Command, May 23, 2011)

Department of Defense Directive 5200.31E, August 10, 2011

States News Service, *Working dogs are man's best friend in Afghanistan* (October 21, 2011)

Nicholas Schmidle, *Getting Bin Laden: What happened that night in Abbottabad* (The New Yorker, Aug. 8, 2011)

Michelle Tan, *Dogs bring home war's stress, too* (Air Force Times, December 27, 2010)

Kapitel 4

Lackland AFB, AETC *The Quiet Americans: A History of Military Working Dogs* (2000).

Associated Press, *Family adopts slain son's military dog* (Dec. 21, 2007)

Defense Media Activity-San Antonio, *Fallen Marine's family adopts his best friend* (February 3, 2011)

State News Service *UK Government: A pedigree chum receives highest animal honour* (February 24, 2010)

BILDNACHWEIS

AP Photo/LaPresse: S. 32–33, 34–35, 36, 42–43, 44–45, 46–47

AP Photo/National Archives via the National World War II Museum/LaPresse: S. 7

Archivio White Star: S. 153

Augusta Chronicle/ZUMAPRESS.com: S. 78

Bain News Service/Buyenlarge/Getty Images: S. 20–21

Patrick Baz/AFP/Getty Images: S. 108–109

Bettmann/Corbis: S. 22–23, 142–143, 145

Harriet Chalmers Adams/National Geographic Society/Corbis: S. 16–17

China Daily/Reuters/Contrasto: S. 54, 54–55

Andrea Comas/Reuters/Contrasto: S. 96, 100–101

Corbis: S. 33

Bryan Denton/Corbis: S. 67

Marco Di Lauro/Getty Images: S. 70, 88–89

R. A. Elder/Hulton Archive/Getty Images: S. 40–41

Vasily Fedosenko/Reuters/Contrasto: S. 52, 53

Terry Fincher/Getty Images: S. 8–9

David Furst/AFP/Getty Images: S. 88

Romeo Gacad/AFP/Getty Images: S. 96–97

Johann Hattingh/Beeld zReportage.com/ZUMApress.com: S. 94–95, 95, 101, 116 oben, 121

Haynes Archive/Popperfoto/Getty Images: S. 26

Kate Holt/eyevine/Contrasto: S. 112–113

Chris Hondros/Getty Images: S. 114–115

Massoud Hossaini/AFP/Getty Images: S. 98–99, 99

Hulton-Deutsch Collection/Corbis: S. 25, 28–29

Bay Ismoyo/AFP/Getty Images: S. 86–87, 123

Dmitry Kostyukov/AFP/Getty Images: S. 14–15

David Longstreath/AP Photo/LaPresse: S. 147

Behrouz Mehri/AFP/Getty Images: S. 12–13, 110–111, 111, 118–119

John Moore/Getty Images: S. 135

Nick Morris/Southcreek Global/ZUMApress.com: S. 72–73

Ho New/Reuters/Contrasto: S. 154–155

Jose Nicolas/Sygma/Corbis: S. 50–51, 51

Walter Petruska/AP Photo/LaPresse: S. 149

David Pollack/K.J. Historical/Corbis: S. 3

Popperfoto/Getty Images: S. 18–19, 24, 26–27

Jaime Rius/AFP/Getty Images: S. 140–141

Manpreet Romana/AFP/Getty Images: S. 126–127

Torsten Silz/AFP/Getty Images: S. 49

Christophe Simon/AFP/Getty Images: S. 91, 92–93

W. Eugene Smith/Time & Life Pictures/Getty Images: S. 30–31

Pete Souza/The White House/ZUMAPRESS.com: S. 156–157

Sang Tan/AP Photo/LaPresse: S. 151

The San Diego Union-Tribune/ZUMAPRESS.com: S. 138–139

Dadang Tri/Reuters/Contrasto: S. 122

Ian Waldie/Getty Images: S. 150

Andrea Bruce Woodall/The Washington Post/Getty Images: S. 90–91

Yslb Pak/Xinhua/ZUMAPRESS.com: S. 157

Abdruck mit freundlicher Genehmigung von Ron Aiello: S. 11, 38–39, 146

Abdruck mit freundlicher Genehmigung von DefenceImagery.mil: S. 4–5, 6–7, 57, 58–59, 61, 62, 63, 64, 65, 68, 68–69, 71, 73, 74, 74–75, 75–77, 78, 79 oben, 79 unten, 80–81, 83, 85, 102, 104, 105, 106–107, 116 unten, 120, 124–125, 128–129, 129, 130–131, 131, 132, 133, 134, 136–137, 137, 140, 160

Abdruck mit freundlicher Genehmigung von K9 Storm Inc.: S. 152, 155

Text: Lance M. Bacon
Übersetzung: Dr. Werner Kügler
Produktmanagement: Avalon Koeppl
Redaktion und Satz: VerlagsService Dr. Helmut Neuberger
& Karl Schaumann, Kirchheim-Heimstetten
Umschlaggestaltung: Thomas Uhlig, coverdesign uhlig

Alle Angaben dieses Werkes wurden sorgfältig recherchiert und auf
den aktuellen Stand gebracht sowie vom Verlag geprüft. Für die Richtigkeit
der Angaben kann jedoch keine Haftung übernommen werden.
Für Hinweise und Anregungen sind wir jederzeit dankbar.
Bitte richten Sie diese an:
GeraMond Verlag
Lektorat
Postfach 40 02 09
D-80702 München
E-Mail: lektorat@verlagshaus.de

Die Deutsche Bibliothek verzeichnet diese Publikation in der
Deutschen Nationalbibliografie; detaillierte bibliografische Daten
sind im Internet unter http://dnb.ddb.de abrufbar.

ISBN 978-3-86245-713-7